UNIÃO ESTÁVEL

NA PREVIDÊNCIA SOCIAL E NO DIREITO CIVIL

1ª edição — 2018
2ª edição — 2019
3ª edição — 2022
4ª edição — 2024

AUTORIA

WLADIMIR NOVAES MARTINEZ
FRANCISCO DE ASSIS MARTINS

LTr®

UNIÃO ESTÁVEL

NA PREVIDÊNCIA SOCIAL E NO DIREITO CIVIL

4ª EDIÇÃO

2024

LTr Editora Ltda.

Rua Jaguaribe, 571
CEP 01224-003
São Paulo, SP — Brasil
Fone (11) 2167-1101
www.ltr.com.br
Abril, 2024

Produção Gráfica e Editoração Eletrônica: GRAPHIEN DIAGRAMAÇÃO E ARTE
Projeto de Capa: DANILO REBELLO
Impressão: INFINITY GRÁFICA

versão impressa — LTr 6440.2 — ISBN 978-65-5883-288-1
versão digital — LTr 9912.2 — ISBN 978-65-5883-289-8

Dados Internacionais de Catalogação na Publicação (CIP)
(Câmara Brasileira do Livro, SP, Brasil)

Martínez, Wladimir Novaes

União estável na previdência social e no direito civil / Wladimir Novaes Martínez, Francisco de Assis Martins. — 4. ed. — São Paulo : LTr, 2024.

Bibliografia.
ISBN 978-65-5883-288-1

1. Direito previdencial — Brasil 2. União estável (Direito de família) — Brasil 3. União estável (Direito de família) — Leis e legislação — Brasil I. Martins, Francisco de Assis. II. Título.

24-190769 CDU-347.628(81)(094)

Índices para catálogo sistemático:

1. Brasil : Leis : União estável na previdência social : Direito de família : Direito civil 347.628(81)(094)

Aline Graziele Benitez — Bibliotecária — CRB-1/3129

Ao amigo e mestre Wladimir Martínez, que pelo jorrar incessante de ideias e de questionamentos acerca da vida, sempre nos provoca a refletir sobre a realidade tal qual ela é e não como aparenta ser.

A Lúcia, minha querida esposa, pelas sugestões da abordagem do Direito de Família em sua conexão com a Psicanálise. E pelo apoio de sempre.

Francisco de Assis Martins

Sumário

TOMO I

TOMO II

Tomo I

Introdução do Tomo I

Neste Tomo I, tentamos vislumbrar o que seja a união estável na vida real e sua repercussão no mundo jurídico previdenciário e não parece ser uma tarefa muito difícil.

Tendo em vista que um dos principais objetivos de um ensaio desta natureza ser a apreciação do direito aos benefícios securitários tornou-se necessário dar-lhe exposição formal, contando com a cooperação da legislação, doutrina e das decisões judiciais.

Inevitavelmente, foi empreendido um esforço de estabelecer uma comparação com o casamento, uma vez que os institutos técnicos da união estável são praticamente iguais, convindo diferenciar tão somente aqueles que dela são específicos.

Assuntos marginais também sediaram preocupação, na medida que uma busca do conceito compreende várias nuanças na órbita previdenciária e cível.

Neste Tomo I, com pequenas incursões ao temário do Tomo II, a ideia configura uma relação humana cuja principal característica é a informalidade.

Daí a importância do Capítulo 5 — Provas da união estável.

E por assim ser, nos obriga ao exame das variadas circunstâncias em que um homem e uma mulher vivem e convivem juntos sem se casarem.

O leitor verá, como sói acontecer em nossos trabalhos práticos, que algumas exposições são repetidas para facilitar a consulta e a compreensão dos raciocínios.

Releva, pois, é examinar o sumário, buscar os títulos e subtítulos.

Nesta 4ª edição acrescentamos novas observações, principalmente as decorrentes de recentes decisões judiciais e juízos doutrinários.

Wladimir Novaes Martínez

1. BREVE HISTÓRICO

O interesse pelo conceito de união estável tomou vulto em 1973 e seu reconhecimento deveu-se ao Direito Previdenciário. Curiosamente, a união estável é a mais antiga das uniões monogâmicas.

ORIGEM REMOTA

Até que foi estruturado o casamento formal em Roma, caso um homem e uma mulher passassem a viver juntos, estavam casados. Vale dizer, tecnicamente viviam em uma união estável (figura jurídica com esse nome inexistente à época).

O *confarreatio* foi a forma mais remota e solene de casamento, praticada pelos patrícios ao longo dos tempos.

Era obrigatório entre o rei das coisas sagradas, além de só poderem se casar por esta forma, os sacerdotes que o celebravam tinham de ser filhos de pessoas casadas pelo mesmo *confarreatio.*

O *coemptio* foi uma reconstituição simbólica do tempo vetusto em que os homens compravam as mulheres para poderem se casar. Requeria apenas cinco testemunhas, em presença das quais o noivo pagava ao pai da noiva uma moeda de prata ou bronze colocada numa balança segurada por um homem.

O casamento *per usum* ou *usus* concretizava-se quando uma mulher tivesse coabitado de forma ininterrupta por um ano com um homem. Contudo, se durante este ano a mulher tivesse passado três noites seguidas fora de casa, continuava solteira e sob a tutela do pai.

Ausente na sua primeira versão de 1960, o art. 11, inciso II, da LOPS fazia menção a uma pessoa designada: "que, se do sexo masculino, só poderá ser menor de (dezoito) anos ou maior de 60 (sessenta) anos ou inválida".

A companheira era uma pessoa designada, logo dependia e umbilicalmente da vontade do segurado designante.

Um § 4º do mesmo artigo rezava:

> "não sendo casado segurado civilmente, considerar-se-á designada a pessoa com que se tenha casado segundo o rito religioso, presumindo-se feita a declaração prevista no parágrafo anterior".

Ou seja, a lei equiparava o recasamento religioso união estável.

O § 3º também se referia à pessoa designada.

A primeira alusão expressa à companheira compareceu na Lei n. 5.890/73, que mais uma vez alterou o art. 11 da LOPS, dizendo ser dependente:

> "I — a esposa, o marido inválido, a *companheira* mantida há mais de 5 (cinco anos) os filhos de qualquer condição menores de 18 (dezoito anos) ou inválidos, e as filha solteiras de qualquer condição menor de 21 (vinte um) anos ou inválidas" (grifos nossos).

Previdenciariamente a partir da Lei n. 8.213/91 união estável foi equiparada ao casamento. Embora suprimido do ordenamento jurídico o prazo de 5 anos ainda perturba os exegetas mais informais que, em raros acórdãos, exigem essa permanência, sabendo que no casamento não há esse prazo. Então, se o *de cujus* falecesse antes de completar o indigitado quinquídio, coitada dessa companheira. E dele não se esqueceu o legislador ordinário de 1996.

O reconhecimento dos direitos dos companheiros é uma história triste do nosso Direito e mostra como sociólogos bem casados são puritanos, atrasados, incultos ou mal intencionados.

2. FONTES FORMAIS

O legislador pátrio parece ter dificuldades em disciplinar a união estável. Não são muitas as normas positivadas a esse respeito, um fenômeno sociologicamente incompreensível na medida em que 36,4% (números de 2010) da população brasileira vive sobre esse regime jurídico.

DIREITO CONSTITUCIONAL

Diz o art. 226, § 3º, da Carta Magna:

> "Para efeito da proteção do Estado, é reconhecida a união estável entre o homem e a mulher como entidade familiar, devendo a lei facilitar sua conversão em casamento".

Essa redação é de uma pobreza franciscana.

Embora assim verdadeiramente não seja, o conceito somente valeria para a proteção do Estado. Ele vale para a realidade dos fatos e atende as necessidades das pessoas.

A união é reconhecida oficialmente porque não teria sido até então, o que não é verdade (vide Lei n. 5.890/73).

Ter de ser entidade familiar é ideia fixa do legislador que sofreu a influência da religião católica. Há um contrassenso vernacular: se admite a união de duas pessoas de sexo oposto, naturalmente com isso se forma uma família. Sem falar em não se saber o que seria se não for família.

Possivelmente o legislador concebeu a hipótese de duas pessoas em conflito, o que não poderia ser tido como família. Um homem que mantém constantes relações sexuais com uma prostituta, cada um em seu canto, também não seria uma família. Uma cuidadora e o cuidado não constituiria família.

A necessidade de a lei pretender facilitar a conversão em casamento evidencia que esse elemento é mais importante que a união estável. O legislador concentrou-se nisso para caracterizar o objetivo, mas nunca exigiu o mesmo para o casamento.

É visível que o texto foi obtido a fórceps; o elaborador não queria essa equiparação. Rigorosamente a Lei Maior não tem de equiparar e sim admitir ser igual ao casamento ou nem isso. Pode ser uma forma específica, de convivência *more uxore*.

CONCEITO LEGAL

Atendendo ao in fine do dispositivo constitucional, diz o art. 1º da Lei n. 9.278/76:

"É reconhecida como entidade familiar a convivência duradoura, publica e contínua, de um homem e uma mulher, estabelecida com objetivo de constituição de família".

NORMAS CIVILISTAS

No art. 1.723, o Código Civil reproduz o art. 226, § 3º, da Constituição tema objeto de comentários anteriores.

IMPEDIMENTOS CIVILISTAS

> § 1º "A união estável não se constituirá se ocorrerem os impedimentos do art. 1.521; não se aplicando a incidência do inciso VI no caso de a pessoa casada se achar separada de fato ou judicialmente".

A meu ver a união está uma realidade social. Se ela se instala, a despeito do pensamento vedativo, é uma realidade, mais ainda se gerar filhos.

Acredita-se que a lista dos impedimentos ao casamento, estatuídas no art. 1521 do Código Civil se prestem como recomendações de caráter antropológico, sociológico e religioso às pessoas que não podem se unir.

> I — os ascendentes com os descendentes, seja o parentesco natural ou civil;

Se a razão biológica não recomenda esse tipo de união, como a do adotado com o adotante não forem familiares, a restrição perde eficácia.

> II — os afins em linha reta;

III — o adotante com quem foi cônjuge do adotado e o adotado com quem o foi do adotante;

IV — os irmãos, unilaterais ou bilaterais, e demais colaterais, até o terceiro grau inclusive;

V — o adotado com o filho do adotante;

VI — as pessoas casadas;

Não estando claro se a norma se refere às pessoas casadas, com convivência marital tradicional ou pessoas que foram casadas e apenas separadas de fato. De todo modo até mesmo um homem casado com o casamento mantido, com exceção da publicidade, que consiga manter uma união estável com outra mulher que se terá de ser um tipo de poligamia. Falecendo, as duas mulheres concorrerão à pensão por morte do RGPS.

VII — o cônjuge sobrevivente com o condenado por homicídio ou tentativa de homicídio contra o seu consorte.

A vedação ao direito à pensão por morte do homicida e ela não explicaria no caso, embora a restrição moral seja eficiente, cremos que a união estável deve se manter para outros fins.

O art. 1725 trata da comunhão parcial de bens.

O art. 1.727 faz uma afirmação estranha:

"As relações não eventuais entre o homem e a mulher, impedidos de casar, constituem concubinato".

Que tipo de concubinato novo é esse? Relações eventuais, com ou sem sexo ocasional não são relações estáveis. Ocorrendo e caracterizada a eventualidade não gera qualquer tipo de união, muito menos estável.

E daí? O que significa isso? O concubinato é termo abandonado no ordenamento jurídico exceto como referência tradicional contra a união estável de um homem casado com outra mulher.

CONCEITO LEGAL

Atendendo o *in fine* do dispositivo constitucional diz o art. 1º da Lei n. 9.278/96:

"É reconhecida como entidade familiar a convivência duradoura, pública e contínua, de um homem e uma mulher, estabelecida com objetivo de constituição de família".

A priori, se a união estável é tida como entidade familiar não se sabe por que ela deve ter por objetivo a constituição de uma família. Não se crê que teria passado pela cabeça do idealizador dessa visão que uma sociedade limitada não seria união estável.

Deve ser duradoura, esquecendo-se dos 5 anos da legislação revogada de 1973. O que interessa não é tempo de vigência, mas o *animus* do casal de perdurar vivendo juntos, manifesto em vários atos e fatos.

Também conflita com a equiparação exigir que seja continua, porque todas as uniões suportam pequenos desentendidos, interrupções, separações e retorno ao *status quo ante*.

A constituição familiar decorre da união propriamente dita e da vontade das partes e não de um ato oficial. Caso contrário, teríamos uma imensa dificuldade em saber em cada caso, o que é uma família.

DIREITOS E DEVERES

Para o art. 2º:

> "São direitos e deveres iguais dos conviventes:
>
> I — respeito e consideração mútuos;
>
> II — assistência moral e material recíproca;
>
> III — guarda, sustento e educação dos filhos comuns.

O Estado deseja respeito e consideração mútuos como carta de intenções, um programa volitivo, possivelmente consciente de que isso nem sempre era possível. Se não sucede, é caso de separação, mas até então a união existia. É intromissão imprópria na vida particular das pessoas. Quase exigiu afetividade...

A assistência moral e material recíproca é imprescindível também aos enteados, adotados e os agregados.

O casal protegerá, sustentará e educará os filhos comuns, adotados, enteados e agregados, que é pressuposto familiar.

SUCESSÃO HEREDITÁRIA

Reza o art. 5º:

> "Os bens móveis e imóveis adquiridos por um ou por ambos os conviventes, na constância da união estável e a título oneroso, são considerados fruto do trabalho e da colaboração comum, passando a pertencer a ambos, em condomínio e em partes iguais, salvo estipulação contrária em contrato escrito".

A posse dos bens é bastante semelhante à do casamento. Há aí um pressuposto legal, de que os dois contribuíram para riqueza criada, independente de como faticamente isso aconteceu. No caso de um bem adquirido sem esforço ainda assim pertencerá aos dois.

O § 1º presta esclarecimento:

> "Cessa a presunção do *caput* deste artigo se a aquisição patrimonial ocorrer com o produto de bens adquiridos anteriormente ao início da união".

Ou seja, o patrimônio antes adquirido continua na posse do adquirente e da mesma forma os frutos decorrentes deles.

GESTÃO DOS BENS

O § 2º tratou da gestão dos bens:

> "A administração do patrimônio comum dos conviventes compete a ambos, salvo estipulação contrária em contrato escrito".

Este preceito é muito claro, exceto na hipótese de um pacto nupcial em contrário, a gestão dos bens cabe aos dois conviventes e convém deixar claro que isso não interfere no caput do dispositivo.

DISSOLUÇÃO

O art. 7º, preocupado com a separação física e judicial, trata do fim da relação.

> "Dissolvida a união estável por rescisão, a assistência material prevista nesta Lei será prestada por um dos conviventes ao que dela necessitar, a título de alimentos."

Ficou claro que o instituto da pensão alimentícia do Direito Civil é inteiramente transportado para a união estável. Provavelmente um eventual pacto nupcial não poderia dispor sobre vedação do dever de alimentar.

PRESENÇA NO IMÓVEL

Uma situação particular ficou clara no parágrafo único:

> "Dissolvida a união estável por morte de um dos conviventes, o sobrevivente terá direito real de habitação, enquanto viver ou não constituir nova união ou casamento, relativamente ao imóvel destinado à residência da família".

Se não se unir novamente ou se casar o companheiro supérstite tem o direito de permanecer na mesma residência. O tema não está muito claro na medida em que não esclareça quem é o proprietário do imóvel, se da viúva ou do *de cujus*.

CONVERSÃO EM CASAMENTO

"Os conviventes poderão, de comum acordo e a qualquer tempo, requerer a conversão da união estável em casamento, por requerimento ao Oficial do Registro Civil da Circunscrição de seu domicílio".

O art. 8º precisaria explicitar a diferença entre conversão em casamento e o próprio casamento. Os companheiros não estão impedidos de se casarem a qualquer tempo. Aparentemente quis dizer que o período anterior de união estável seria retroativamente considerado um casamento.

COMPETÊNCIA JURISDICIONAL

"Toda a matéria relativa à união estável é de competência do juízo da Vara de Família, assegurado o segredo de justiça".

Finalmente, uma equiparação total. Determina que a Justiça dos Estados é que terá competência para ações judiciais (art. 9º).

CONCEITO ADMINISTRATIVO

Vide IN INSS n. 77/15, art. 18. (Alterado pela IN INSS n. 128/22)

3. Conceitos Mínimos

INTRODUÇÃO

A idealização da união estável no mundo real e até mesmo na órbita jurídica não se constitui em um grande obstáculo doutrinário. Rigorosamente cuida-se então de um casamento sem as formalidades da cerimônia civil e experimentando facilidades para o desfazimento da união.

UNIÃO DE PESSOAS

Duas pessoas, da mesma família ou não, se dizem unidas quando convivem juntas numa residência ou numa atividade social ou comercial. Essa união visa alavancar a eficácia dos recursos pessoais e uma mútua assistência. Em todo o caso, os unidos são companheiros no sentido mais amplo da palavra e evitam os efeitos deletérios da solidão.

Instituições com objetivo comum, como é o caso dos partidos políticos ou instituições, costumam se unir em determinadas circunstâncias e igual se passa com as nações. A UE é um exemplo clássico com bons frutos.

UNIÃO ESTÁVEL

Por tradição, a união estável resulta da união de duas pessoas de sexo oposto, que convivem *more uxore,* mutuamente se assistindo, com filhos em comum e adotados ou sem, durante algum tempo observando constância e alguma publicidade.

UNIÃO HETEROSSEXUAL

A união heterossexual se destaca da homossexual porque constituída de um homem e uma mulher.

UNIÃO HOMOSSEXUAL

A união homossexual masculina une dois homens e a feminina, duas mulheres em convivência comum, com praticamente as mesmas características da união heterossexual.

Podem ter filhos concebidos artificialmente, adotados ou trazidos de concepções anteriores.

De modo geral se entende que seja uma união monogâmica e não poligâmica. Todavia, a vida apresenta situações em que a poligamia é aceita pelos envolvidos na relação, máxime se a presença do terceiro parceiro seja ocasional. É o que ficou decidido pela 1ª Câmara Civil do TJ, em recurso sob a relatoria do desembargador Jorge Luis Costa Beber.

Foi reconhecida a existência e a dissolução de união estável homoafetiva entre dois homens, com todos os efeitos jurídicos daí decorrentes. No 1º grau, ainda que o relacionamento afetivo tenha perdurado por mais de 10 anos, com notoriedade, convivência pública, contínua e duradoura, aliados à inequívoca intenção de formar um núcleo familiar, o pleito foi negado por se tratar de uma relação do tipo aberta, com contatos sexuais consentidos, tanto de um como do outro companheiro, com terceiras pessoas.

> "Não compete ao Estado impor modelos familiares preconcebidos, tampouco se imiscuir num modelo de relacionamento afetivo, consensualmente escolhido pelos interessados, despido de preconceitos, onde a fidelidade e a exclusividade foram tratadas de modo diverso, não desnaturando a vontade de conviverem como consortes o fato de, por vezes, manterem relações sexuais paralelas e consentidas", anotou o relator, amparado em precedentes do STF — Recurso Extraordinário 898.060 e Ação Direta de Inconstitucionalidade n. 4.277.

Para Beber, o Direito é uma ciência viva e em constante evolução. "O conservadorismo do julgador, em sua formação consolidada sob os influxos dos conceitos tradicionais da família monogâmica por excelência, e seus preconceitos com novas formas de relações baseadas no afeto, na união de propósitos, não devem impregnar a decisão judicial que envolva um modelo não ortodoxo de união, quando essa sistemática é aceita com naturalidade entre os conviventes, que satisfazem, à exaustão, todos os demais requisitos de uma sociedade homoafetiva de fato", concluiu.

Com a decisão, os ex-companheiros tiveram a união reconhecida e encerrada na sequência, com a respectiva partilha dos bens havidos na constância da relação. O patrimônio em questão envolve imóvel e um veículo avaliados em R$ 2 milhões. Uma das partes alegava ter vivido apenas um namoro. A decisão da câmara foi por maioria de votos, em julgamento com colegiado ampliado. O processo corre em segredo de justiça.

UNIÃO POLIAMOROSA

No caso da poligamia é união de um homem com várias mulheres. Na poliandria, menos comum, a união de uma mulher e vários homens.

Maria Berenice Dias ("Manual do Direito de Família", São Paulo: Revista dos Tribunais, 2022):

> "O princípio da monogamia não está na constituição, é um viés cultural".

SEXO OCASIONAL

Eventualmente, um homem ou uma mulher mantém relações sexuais heterossexuais ou homossexuais sem as características determinantes da união estável tradicional.

DOIS PARENTES

Por convenção institucional histórica, dois irmãos, duas irmãs, um irmão e uma irmã, vivendo juntos. À evidência, vale para outros parentes, como tios, sobrinhos e primos. Nada obsta que a lei configure esse cenário como união estável familiar, vez que a mútua assistência e dependência econômica presumida deflagraria direitos civis e previdenciários.

FALSA UNIÃO

Em dispositivo novo, bastante amplo, de difícil aplicação, integração e interpretação, o novo § 2º do art. 74 da Lei n. 8.213/91 disciplinou a falsa união idosos com jovens.

Invadindo área de Direito Civil, na seara da anulação do casamento (a ser tomada por analogia na união estável), na prática o dispositivo fadar-se-á a gerar polêmicas, dada sua natureza com alguma subjetividade, especialmente no tocante a matéria de prova.

O preceito determina que a ação promovida pelo INSS poderá ocorrer a qualquer tempo e, desse modo, ignorou o art. 103-A da sua lei básica. Não faz muito sentido, passados mais de 10 anos da concessão da pensão por morte, ela ser cancelada ainda que justificadamente à luz dos fundamentos agora apontados.

Nada foi dito sobre a duração dessa tida falsa união a ser inibida. Supõe-se que o preceito tenha sido inspirado pela constatação de que cerca de 18.000 jovens mulheres se casaram normalmente com homens muito idosos, na maioria dos casos internados em hospitais e até mesmo na UTI.

Fraude e simulação são conceitos amplos e nebulosos e precisam restar bastante claros na regulamentação, caso contrário gerarão inúmeras e estéreis discussões.

Fraude é "Adulteração da verdade por meio de falsidade material ou ideológica, visando a obtenção de benefício indevido, o principal crime cometido contra a Previdência Social" ("Dicionário NOVAES de Direito Previdenciário", São Paulo, LTr, 2013, p. 247).

Lembrando a inaptidão laboral "Simulação é fingimento, dissimulação ou engodo de uma doença incapacitante, conduta elementar de proteção com razões biológicas reforçadas pelas condições sociais, objetivando a obtenção de prestação por incapacidade" (ob. cit. p. 447).

Possivelmente a partir dos elementos materiais que justifiquem a implantação dessa medida administrativa na legislação, por denúncia anônima ou outra *notitia criminis*, sob suspeita consistente e com início de prova material idônea, dando imediata ciência aos interessados, o INSS ingressará com ação judicial pretendendo que a Justiça Federal decida sobre o mérito das suas alegações. Note-se: quem vai decidir é a Justiça Federal e não o INSS.

Um dos evidentes requisitos dessa ação judicial é a autarquia apreender as diferenças técnicas entre as uniões regulares e irregulares. Por exemplo, a idade dos envolvidos, o valor da aposentadoria do unido e até mesmo possibilidade de breve falecimento deste segurado.

O administrador terá de identificar em que casos a motivação da união deveu-se inequivocamente a intenção de obter a pensão por morte. Até porque, em muitos casos, não é imoral nem ilegal uma mulher se casar com um homem, cônscia de que ele deixará uma pensão por morte de valor significativo e por muito tempo.

É consabido que entre as grandes dúvidas jacentes no tema sedia-se a união estável entre uma cuidadora e um segurado idoso que vive sozinho, carente de atenção física e psicológica diuturnamente.

PRESENÇA DA CUIDADORA

Um cenário inusitado e relativamente recente diz respeito a contratação de cuidadoras para que atendam idosos em casas de família. Neste cenário, um homem de idade avançada vive sozinho e os filhos admitem uma mulher com conhecimentos de enfermagem para tomar conta desse idoso. Além da companhia, cuidados médicos mínimos, a cuidadora tem acesso físico ao organismo do seu patrão, levando ao banheiro, dando-lhe banhos e ajudando na fisioterapia.

Essa proximidade física, especialmente noturna, contribui para o nascimento de uma relação que não é meramente laboral nem doméstica, chegando, em alguns casos, a relação amorosa.

Alguns cuidadores, após o falecimento do seu patrão reclamam que viveu em união estável com o idoso. Obviamente, a questão se cinge a prova, que não será tão fácil assim.

FICANTES

Com a liberdade sexual dos tempos modernos, criou uma figura até então inexistente, a dos ficantes. Pessoas que mantêm intimidades sem compromisso.

Uma situação ainda mais inédita diz respeito aos ficantes que admitem que o parceiro mantenha eventuais encontros com outros ficantes, chamado de relacionamento aberto na medida em que todos tenham conhecimento do fato.

A questão que se propõe é a gravidez ou a morte de um desses conviventes e a pensão por morte. Os direitos civis e previdenciários dependem da configuração da união estável.

4. CARATERÍSTICAS BÁSICAS

PESSOALIDADE

À evidência solar, a união estável somente tem existência com dois seres humanos, desses parceiros exigida a idade mínima de 18 anos e de outras capacitações positivadas no Código Civil. Se, entretanto os conviventes tiverem menos que essa idade...

AFETIVIDADE

A afetividade na união estável tem muito a ver com a afetividade.

São muitas as causas que levam os casais a manterem o casamento, a despeito das intempéries matrimonias: a) presença de filhos; b) razões econômicas; c) hábito; d) companheirismo; e) mútua assistência; f) inércia; g) pressão familiar.

ESTABILIDADE

O título da instituição per se reclama a estabilidade da relação, sem altos e baixos, de modo que várias interrupções significativas da convivência devam ser consideradas, no caso de dúvidas acolhendo-se os períodos de convivência na mesma residência.

CONSTÂNCIA

Constância quer dizer contínua, duradoura, a despeito de as normas silenciarem ao tempo de duração.

MÚTUA ASSISTÊNCIA

Os parceiros têm de se ajudar, cooperar amplamente, familiar e de vários naipes. Essa ajuda é física, psicológica e afetiva, o visgo que pretende os casais.

PUBLICIDADE

Alguma publicidade é necessária, não havendo explicação para a sua ausência.

EXISTÊNCIA DE FILHOS

O conceito não impõe a existência de filhos em comum, adotados, agregados ou tutelados.

RESIDÊNCIA COMUM

De modo geral e em particular os dois vivendo sob o mesmo teto, excepcionalmente e justificado, em duas casas.

PRESENÇA DE SEXO

Presente a afetividade e conforme a idade, o sexo é presumido sem ser exigido.

FIDELIDADE

Alguns magistrados fazem desnecessária distinção entre casamento e união estável. Um casado pode manter uma companheira sem deixar de ser casado, mas isso não valeria para a configuração da união estável!

A fidelidade é parte do dever de respeito e lealdade entre os cônjuges, ainda que não compareça na legislação para configuração da união estável. A conclusão é da 3ª Turma do STJ, que negou o reconhecimento de união estável porque o homem mantinha outro relacionamento.

O Tribunal de Justiça de Minas Gerais havia negado o pedido de uma mulher de reconhecer a união por entender que o relacionamento dela com o homem teria sido apenas um namoro, sem objetivo de constituição de família.

A autora da ação afirmou que manteve convivência pública, duradoura e contínua com o homem, de julho de 2007 até a morte dele em 30 de novembro de 2008, e que o dever de fidelidade não estaria incluído entre os requisitos necessários à configuração da união estável.

A outra companheira contestou a ação, alegando ilegitimidade ativa da autora, que seria apenas uma possível amante do morto, com quem ela viveu em união estável desde o ano 2000 até o falecimento dele.

A ministra Nancy Andrighi disse que a discussão se cingia a definir se a união estável pode ser reconhecida entre as partes, mesmo diante da inobservância do dever de fidelidade pelo morto, que mantinha outro relacionamento estável com terceira mulher.

A ministra reconheceu que tanto a Lei n. 9.278/96, como o Código Civil, não mencionam a observância do dever de fidelidade recíproca para que possa ser caracterizada a união estável, mas entendeu que a fidelidade é inerente ao dever de respeito e lealdade entre os companheiros.

Para a ministra, uma sociedade que apresenta como elemento estrutural a monogamia não pode atenuar o dever de fidelidade — que integra o conceito de lealdade e respeito mútuo — para inserir no âmbito do direito de família relações afetivas paralelas.

Andrighi admitiu que a jurisprudência do STJ não é uníssona ao tratar do tema e alertou que, ao analisar as lides que apresentam paralelismo afetivo, deve o juiz, atento às peculiaridades de cada caso, "decidir com base na dignidade da pessoa humana, na solidariedade, na afetividade, na busca da felicidade, na liberdade, na igualdade, bem assim, com redobrada atenção ao primado da monogamia, com os pés fincados no princípio da aeticidade".

5. PROVAS DA UNIÃO ESTÁVEL

Uma das principais características da união estável hetero ou homossexual é a informalidade fática da vida em comum. As pessoas passam a viver juntas sem a preocupação de demonstrar essa existência *more uxório*, até mesmo sobrevindo filhos.

Quando um dos companheiros parceiros é segurado do RGPS e falece após 18 meses, portanto, cumprida a carência com vistas à pensão por morte (e até mesmo no caso do auxílio-reclusão), emerge o problema do companheiro supérstite provar a existência dessa relação e, destarte, pressupor-se uma eventual evidência da dependência econômica.

O INSS exige provas da subordinação quando da falta de provas de ter havido uma família protegida pela Previdência Social.

A autarquia apelou da sentença proferida pelo Juiz de Direito da Comarca de Valença do Piauí, que, para fins previdenciários, reconheceu a existência de união estável entre a autora e o instituidor da pensão.

O INSS sustentou nas razões da apelação que para a comprovação da união estável devem ser apresentados, no mínimo, três documentos dentre os elencados no art. 22, § 3º, do Decreto n. 3.048/99 (RPS) e que, no caso, a autora não juntou documentos necessários para provar sua condição de dependente previdenciária do segurado falecido.

Ao analisar o ponto controvertido da ação, o reconhecimento de união estável para fins previdenciários, o relator, desembargador federal João Luiz de Souza apontou que, nos termos da Lei n. 8.213/91, considera-se companheira a pessoa que, sem ser casada, mantém união estável com o segurado, possuindo dependência econômica presumida.

O magistrado asseverou que "com supedâneo no princípio da inexistência de hierarquia entre as provas, impõe-se reconhecer que a comprovação de união estável, para fins previdenciários, pode ser feita por qualquer meio de prova em direito admitida, pois não há, no ordenamento jurídico pátrio, norma que preveja a necessidade de apresentação de prova material, salvo na hipótese de reconhecimento de tempo de serviço, não cabendo, portanto, ao julgador aplicar tal restrição em situações nas quais a legislação assim não o fez".

Esse relator sustentou que "é forçoso concluir que a norma do decreto que elencou um rol de documentos que permitem o reconhecimento da união estável para fins previdenciários, não pode ser tida como taxativa e impeditiva ao reconhecimento daquela relação pelo poder judiciário, até porque é destinada precipuamente aos servidores do órgão previdenciário para análise dos processos administrativos de concessão de benefícios, de modo a padronizá-los e evitar fraudes".

O desembargador concluiu seu voto esclarecendo que, na hipótese do processo, da análise de todo o acervo probatório produzido, extrai-se que existem elementos suficientes para o reconhecimento da relação estável entre a autora o falecido segurado.

Acompanhando o voto do relator, o Colegiado negou provimento à apelação, no proc. n. 0024844-53.2007.4.01.9199/PI.

Conforme demonstramos em nosso "A prova no Direito Previdenciário" (4. ed., São Paulo: LTr, 2016), um dos aspectos mais significativos do Direito Previdenciário Procedimental é o da demonstração do direito aos benefícios.

Ali relacionamos uma infinidade de meios de provas, quase uma centena delas, que podem convencer o órgão gestor da previdência social ou o Poder Judiciário da existência de uma união estável.

PROVAS COMERCIAIS

1. Presença no contrato social como sócio gerente ou cotista em sociedade limitada criada pelos conviventes (Decreto n. 3.708/19).

2. Abertura de crediário em lojas comerciais.

3. Ser avalista do parceiro.

PROVAS CIVIS

4. Atestado de óbito em que conste o convivente sobrevivente como testemunha.

5. Documento outorgando procuração de um para o outro membro da relação.

6. Designação testamentária da pessoa como herdeira.

7. Certidão relativa à adoção de filhos.

8. Pagamento de pensão alimentícia de fato.

9. Sentença condenatória de pensão alimentícia.

10. Usufruto de bem com caráter de alimentos.

11. Prova de rendimento para fins de financiamento.

12. Contrato de aluguel em conjunto.

13. Compromisso de venda e compra, documento particular ou público, de cessão de bem imóvel ou imóvel mediante escritura pública.

14. Declaração escrita ou gravada deixada pelo segurado.

PROVAS RELIGIOSAS

15. Certidão de casamento religioso.

16. Certidão de batismo.

PROVAS ADMINISTRATIVAS

17. Designação numa APS do INSS.

18. Inscrição como beneficiário da GEAP.

19. Designação como dependente numa EFPC ou EAPC.

20. Deferimento de auxílio-reclusão.

21. Alvará para levantar saldo de benefícios no INSS.

22. Registro em Posto de Saúde, hospitais particulares ou do

23. INAMPS.

PROVAS SECURITÁRIAS

24. Seguro de vida em nome do membro supérstite.

PROVAS SOCIOLÓGICAS

25. Ser sócio do mesmo clube ou associação de qualquer natureza.

26. Declaração firmada por vizinhos, zeladores ou porteiros de prédios.

27. Participação conjunta em congressos e outros eventos científicos.

PROVAS TRABALHISTAS

28. Registro como empresário, contribuinte individual, empregado ou temporário em empresa do falecido.

29. Ficha de inscrição em sindicatos.

30. Ficha do PIS-PASEP.

31. Ficha do salário-maternidade.

32. Ficha do salário-família.

33. Designação em CTPS, FRE ou LRE.

34. Autorização para levantar FGTS ou PIS-PASEP.

PROVA DA PREVIDÊNCIA COMPLEMENTAR

35. Concessão de pensão por morte pela EFPC.

36. Designação no VGPL.

PROVAS TRIBUTÁRIAS

37. Declaração como dependente para fins do Imposto de Renda.

ASSISTÊNCIA À SAÚDE

38. Designação em plano de saúde.

39. Declaração firmada pelo hospital de quem promoveu a internação, custeou as despesas etc.

40. Anotação em ficha de tratamento médico em que o dependente comparece como responsável pelo atendido.

41. Atestado médico do falecimento.

PROVAS PESSOAIS

42. Cartas familiares ou de amor trocadas entre os membros.

43. Menção da pessoa constante em dedicatórias de livros.

44. Menção escrita em homenagem.

45. Prova de endereço comum.

46. Notas fiscais do sepultamento.

47. Bilhete de passagem adquirido em comum.

48. Ficha de Registro de hotéis, resorts, colônia de férias etc.

49. Gravação, imagem, fotografias em que apareçam juntos.

50. Declaração para efeito de seguro de automóvel.

51. Assunção de encargo doméstico.

52. Declaração firmada pelo condomínio vertical e horizontal ou loteamento.

53. Título de eleitor em que a interessada solteira seja identificada como casada.

54. Registro em WhatsApp.

PROVAS PENAIS

55. Boletim de ocorrência policial.

56. Declaração oficial de estabelecimento penal relativo à visita íntima.

PROVAS BANCÁRIAS

57. Conta corrente conjunta.

58. Empréstimos conjuntos.

PROVAS HABITACIONAIS

59. Declaração junto ao BNH ou agente financeiro.

PROVAS CARTORIAIS

60. Registro civil em cartório de notas, declaração das partes de que vivem ou viverão juntos.

61. Escritura pública.

62. Certidão privada emitida pelo Grupo Gay da Bahia, a partir de seu livro de registro.

63. Disposição testamentária particular ou cartorial.

64. Certidão de nascimento de filho.

PROVAS JUDICIAIS

65. Sentença em ação judicial.

66. Justificação judicial.

67. Alvará judicial para levantar atrasados.

68. Certidão de ação judicial, civil ou penal, em que a dependente tenha sido qualificada como autora, ré ou testemunha.

PROVAS DA DESIGNAÇÃO

69. Declaração verbal e registrada perante servidor da Previdência Social.

70. Anotação em CTPS.

DIVERSOS MEIOS

71. Nota fiscal de aquisição de bens doméstico.

72. Inscrição no SESI.

73. Boletim de Ocorrência.

74. Censo do IBGE.

PROVAS TESTEMUNHAIS

75. Depoimento testemunhal de vizinhos, colegas de serviço e demais pessoas tem validade, principalmente quando os depoentes conviveram com os unidos por largo tempo.

JUSTIFICAÇÃO ADMINISTRATIVA

76. Procedimento específico previsto no PBPS e promovido pelo INSS com a presença de início razoável de prova material e depoimentos testemunhais.

6. ASPECTOS CIVIS

A maior parte dos dispositivos do Código Civil aproveita na relação estável, convindo abordar alguns deles, pelo menos os que mais chamam a atenção.

PATRIMÔNIO PRÓPRIO

Existência de um patrimônio adquirido em conjunto pelo casal indica uma união estável, ainda que a posse ou propriedade esteja sendo discutida em juízo.

No processo de separação esse patrimônio deve ser dividido.

DOAÇÃO UNILATERAL OU MÚTUA

A doação de um bem material ou imaterial promovida por um dos conviventes ou mutuamente ofertados significa uma união estável e com finalidade duradoura.

COMORIÊNCIA

Diz o art. 8º do Código Civil

> "Se dois ou mais indivíduos falecerem na mesma ocasião, não se podendo averiguar se algum dos comorientes precedeu aos outros, presumir-se-ão simultaneamente mortos".

A comoriência ocorre quando duas ou mais pessoas falecem ao mesmo tempo e não será possível determinar qual delas morreu primeiro e, então, é como se elas tivessem morrido no mesmo instante.

É imprescindível a identificação correta do momento da morte dos envolvidos, pois, se um herdeiro faleceu frações de segundos depois do autor da herança ou ao mesmo tempo, poderá ele ter herdado ou não os bens.

PENSÃO ALIMENTÍCIA

Na condição de percepção de um valor mensal, a pensão alimentícia civil recebida por uma pessoa física pode significar o seu meio de manutenção.

Nos termos do art. 1694, § 2º, do Código Civil ela é destinada especificamente para a subsistência mínima e não com uma renda pessoal.

Tendo em vista que por vezes o credor dessa obrigação civil detém outros meios de sobrevivência, entre os quais um emprego ou aposentadoria, ter-se-á que a quitação mensal adquire o caráter de complementação desses meios.

Claro, além de ser decisiva quanto ao direito à pensão por morte, o seu recebimento, por assim dizer, renova as obrigações presentes do matrimônio de mútua assistência.

Além da obtida judicialmente subsiste uma pensão alimentícia de fato, no caso de separação e do homem para a mulher ou filhos do casal, conforme contrato particular.

Nada impede que o devedor ofereça um bem imóvel cujos frutos mensais substituirão a renda mensal.

São os parentes, entre pais e filhos e também entre os ex-unidos (CC, art. 1696, *caput*). É bastante usual que seja do homem para a mulher, sem prejuízo de ser ao contrário.

O direito é garantido quando o alimentante tem capacidade financeira para isso e o alimentado tem necessidade (CC, art. 1694, § 1º), fato que deverá ser consignado para os fins da pensão por morte.

Em algum cenário a inocência do credor será decisiva.

Diz o art. 1694, § 2º, do Código Civil que:

> "Os alimentos serão apenas os indispensáveis à subsistência, quando a situação de necessidade resulta de culpa de quem os pleiteia".

No curso do tempo, conforme o cenário que estabelece a obrigação pode ser alterado, extinguindo-se o crédito.

O devedor, nesse caso, requererá ao juiz a desoneração do seu ônus.

Note-se que: "Com o casamento, união estável e concubinato do credor, cessa o dever de prestar alimentos" (CC, art. 1708).

Curiosamente, o Código Civil diz que esse encargo se extingue "se o credor tiver procedimento indigno em relação ao devedor" (*sic*).

Nos casos de separação, o inocente que tem necessidade auferirá a pensão alimentícia (CC, art. 1702).

Na hipótese de ser o culpado, não fará jus a esse benefício (CC, art. 1704).

Se um parceiro paga pensão alimentícia fática ou judicial ao outro, quando da separação informal ou judicial, pressupõe-se a existência de uma união estável.

O fato da quitação de uma pensão alimentícia para um ex-cônjuge ou ex-convivente não obsta a consumação de um novo casamento ou nova união estável.

SEPARAÇÃO CONVENCIONADA DE BENS

Um casal que pretenda viver em união estável poderá estipular em contrato registrado em cartório de títulos e documentos a separação de bens antes adquiridos.

EFEITOS DA BIGAMIA

Caracteriza-se uma bigamia entre conviventes quando um deles mantêm duas uniões estáveis. Comprovada exaustivamente essa ocorrência não tão comum, ambas as uniões devem ser reconhecidas para fins de direito.

Sem embargo do que diz o Código Civil, no nosso entender a primeira delas não anula a segunda relação, ambas devem produzir efeitos jurídicos e, particularmente, previdenciários.

OCORRÊNCIA DE ADULTÉRIO

Se um parceiro mantém uma relação, ainda que não caracterizadora de uma segunda união estável, praticará o adultério, fato que trará consequências.

No caso reclama-se a clara configuração das duas relações vez que contatos eventuais não podem ser tidos como uniões.

FILIAÇÃO E ADOÇÃO

O casal da união estável poderá admitir filhos em comum, trazidos para a união ou adotados. Até mesmo um agregado é aceito como parte dessa família.

Gustavo Henrique Basso salientou a importância do reconhecimento da filiação no âmbito da união estável, e da adoção, historiando o progresso dessa instituição desde o Código Civil de 1916 até a Lei n. 12.010/09, afirmando:

"Tendo em vista que a união estável se equipara ao casamento, bem como, os filhos desta união terão os mesmos direitos e deveres dos filhos concebidos pelo casamento, não atingindo a presunção absoluta de filiação, caso isto ocorra, poderá ter inclusive a presunção judicial diante da recusa ao registro espontâneo" ("Da filiação fora do casamento e da adoção"), *in* Lex Magister n. 1.982, de 1º.11.17).

PROCESSO SUCESSÓRIO

Como falecimento de um dos parceiros e havendo patrimônio sobrevirá um processo sucessório conforme convencionado anteriormente ou seguir os parâmetros do Código Civil.

RETORNO AO CONVÍVIO CONJUGAL

Sem prejuízo do restabelecimento de um casamento, os ex-unidos que voltam a viver juntos caracterizam uma nova união estável.

DOCUMENTO DOS COMPANHEIROS

Uma certidão cartorária da união estável, ali registrada, presta-se como documento dos participantes.

RESPONSABILIDADE NA FALÊNCIA

Segue as normas da legislação do Direito Comercial, que se refere aos casados.

PRESUNÇÕES VÁLIDAS

Comprovada a união estável, ela se beneficia das presunções acatadas pelo Direito Civil relativas ao casamento. Uma delas, que o filho nascido após nove meses de união é tido como do casal. No âmbito do Direito Previdenciário vale a presunção da dependência econômica, rigorosamente, uma mútua dependência.

DIREITO DE SERVIDORA

A Lei Maria da Penha (Lei n. 11.340/96), em seu artigo 9º, § 2º, não faz qualquer distinção e assegura o acesso a transferência de local de trabalho da mulher servidora.

7. RELAÇÕES TRABALHISTAS

SIGNATÁRIO DA CTPS

A regra do Direito do Trabalho doméstico da CTPS poder ser assinada pelo patrão ou patroa estende-se aos dois membros da união estável.

Na condição de empregador doméstico, a responsabilidade fiscal é do casal.

VÍNCULO EMPREGATÍCIO ENTRE COMPANHEIROS

Da mesma forma como sucede no casamento civil não há subordinação de um em relação a outro convivente na união estável.

Exceto na hipótese de uma grande empresa, em que a subordinação está presente é legitima, não há vínculo empregatício entre companheiros.

COOPERATIVA CORPORATIVA

Um dos conviventes tem o direito se adquirir bens na cooperativa de consumo corporativa.

CLUBE DA EMPRESA

A frequência no clube da empresa é-lhe facultada.

FUNDO DE PENSÃO

O Regulamento Básico do fundo de pensão fechada deve prever a hipótese da inscrição do companheiro.

PLANO DE SAÚDE

A inscrição no plano de saúde é direito subjetivo constitucional dos companheiros.

ATRASADOS DO FALECIDO

Falecendo um dos parceiros o supérstite tem o direito de reclamar direitos trabalhistas, entre os quais o saldo de salário que deixou ao falecer.

Igual vale para ações trabalhistas intentadas contra a empresa quando titular era vivo.

8. *Questões Penais*

Inexiste no Direito Penal norma obstativa do exercício de direitos das pessoas em razão da existência da união estável. Em quase todos os aspectos penais ou processuais penais os companheiros são iguais aos cônjuges do casamento. Não há distinções particulares.

COMPANHEIRO PRESO

Se um dos companheiros está preso, o outro faz jus a visitá-lo, inclusive nas mesmas condições dos demais unidos, conforme as normas do Ministério da Justiça.

Nas exatas condições da Lei n. 8.213/91 há direito ao auxílio-reclusão.

LEI MARIA DA PENHA

Em nenhum momento a Lei n. 11.340/06 fala em mulher casada ou unida. Na sua ementa, no art. 1º e sucessivos dispositivos é referida a mulher ou ofendida, mas nada tem ver com o tipo de união, se casamento ou união estável.

HOMICÍDIO

Uma prova da união estável a ocorrência de um homicídio em que a vítima foi um dos conviventes, conforme Boletim de Ocorrência policial.

Na redação dada pela Lei n. 13.135/15, diz o § 1º do art. 74, do Plano de Benefícios da Previdência Social (Lei n. 8.213/91) que:

> "Perde o direito à pensão por morte, após o trânsito em julgado, o condenado pela prática de crime de que tenha dolosamente resultado a morte do segurado".

Assim, no caso de um convivente assassinar o outro convivente, não fará jus à pensão por morte.

FRAUDE NO CASAMENTO

Diante do elevado número de casamento de pessoas muito idosas com jovens, normalmente com cerimônia ocorrida dentro dos hospitais e ater nas UTI a lei dispôs sobre esse falso casamento.

O § 2º do art. 74 da Lei n. 8.213/91 garante que:

> "Perde o direito à pensão por morte o cônjuge, o companheiro ou a companheira se comprovada, a qualquer tempo, simulação ou fraude no casamento ou na união estável, ou a formalização desses com o fim exclusivo de constituir benefício previdenciário, apuradas em processo judicial no qual será assegurado o direito ao contraditório e a ampla defesa".

VISITAS ÍNTIMAS

As visitas íntimas são regulamentadas pela Portaria do Ministério da Justiça n. 718, de 30.8.17.

Seu art. 2º dita:

> "Somente será autorizado o registro de 1 (um) cônjuge ou companheira(o), ficando vedadas substituições, salvo se ocorrer separação ou divórcio, podendo o preso nominar novo cônjuge ou nova(o) companheira(o) decorrido 12 (doze) meses do cancelamento formal da indicação anterior".

Quer dizer, os polígamos têm restrições.

Em particular, no que se refere a união estável, tem-se o § 1º desse artigo 2º:

> "O registro de cônjuge ou companheira (o) de comprovado vínculo afetivo deverá ser realizado pela direção do estabelecimento prisional onde se encontrar o preso".

A prova desse "vínculo afetivo" seria efetivada pela Declaração de União estável, com assinatura com firma reconhecida em Cartório.

Em se tratando de menor de 18 anos dispõe o art. 3º da mesma lei:

> "O preso poderá receber a visita íntima do menor de 18 (dezoito) anos, quando: I — legalmente casados; ou, II — nos demais casos, devidamente autorizado pelo juízo competente".

Nesse "demais casos" estão os jovens que vivem em união estável ou outro tipo de relação amorosa reconhecida.

IMPEDIMENTO TESTEMUNHAL

O art. 447, § 2º, I, do CPC diz que são impedidos:

> "o cônjuge, o *companheiro*, o ascendente e o descendente em qualquer grau e o colateral, até o terceiro grau, de alguma das partes, por consanguinidade ou afinidade, salvo se o exigir o interesse público ou, tratando-se de causa relativa ao estado da pessoa, não se puder obter de outro modo a prova que o juiz repute necessária ao julgamento do mérito" (grifos nossos).

Quer dizer que a companheira ou o companheiro não podem depor quando de dissídio judicial em que participante o companheiro ou a companheira.

9. *Parâmetros Jurídicos*

Por se tratar de uma instituição socialmente relevante, tal qual o casamento civil, a par dos práticos são inúmeros e variados os institutos técnicos jurídicos que envolvem a união estável.

A necessidade de permanente da equiparação deveu-se a história dessa modalidade de união, que evoluiu ao longo do tempo, em seus aspectos institucionais, usuais e sociais, principalmente a partir de 1966.

Dá-se um exemplo singelo: nesse casal não há um chefe, ambos os parceiros da união estável exercem o pátrio poder familiar.

ANALOGIA COM O CASAMENTO

Do ponto de vista previdenciário, o casamento civil e a cerimônia religiosa portam elementos significativos presentes na união estável que, em face da realidade, impõem a sua aceitação na sociedade.

Nesse sentido, em cada caso, maioria das esmiuçantes disposições civis constantes do Direito de Família, aqui aproveitam, exceto quando jacente disposição expressa em contrário.

JUSTIÇA COMPETENTE

Em razão da presença da União como polo passivo, a Justiça Federal é competente para dirimir eventuais conflitos entre os conviventes e o INSS, enfaticamente no que toca ao direito à pensão por morte e ao auxílio-reclusão.

Os dissídios havidos entre si que envolvam os parceiros da união estável, principalmente os referentes ao patrimônio comum ou individual, são do responsabilidade jurisdicional da Justiça Estadual.

SOCIEDADE LIMITADA

Nada obsta que os conviventes possam comercialmente ser sócios, isto é, que implantem e mantenham uma sociedade de responsabilidade limitada.

Ou que, apenas um deles crie uma firma individual. A lei disciplina os deveres e os direitos de cada um.

Nesse sentido a convivente é sucessora do convivente falecido, credora e devedora.

VÍNCULO EMPREGATÍCIO

A existência do vínculo empregatício entre unidos é dirimida à luz do Código Civil, Direito do Trabalho e do Direito Previdenciário, convindo consultar os pensamentos doutrinários e jurisprudenciais sobre a situação referente aos casados, para dissipar incertezas, pois a situação fática é a mesma.

Teoricamente, despeito do art. 3º da CLT, um varão não poderia subordinar um cônjuge e vice-versa, máxime se unidos em regime de comunhão de bens em um empreendimento constituído.

Ela seria uma sócia gerente de fato.

Há menor resistência quanto esses parentes serem empregados de uma empresa (ainda que o homem dela seja sócio). No PBPS não há restrição a essa relação de trabalho, mas o texto disciplinador registra a expressão "subordinação" (art. 11).

Em seu art. 3º, I, a IN INSS n. 45/10 falava em "subordinação". Nessa instrução normativa e as que a antecederam (IN INSS n. 20/07 e 10/06 e outras mais...) não há vedação para que um cônjuge seja empregado do outro cônjuge. Seus 22 incisos e três parágrafos, não aludem ao impedimento desse cenário jurídico.

Sem embargo, se obstáculo incontornável existisse, para usufruir da proteção previdenciária, bastaria à mulher inscrever-se como facultativa (Código 1406) e o marido celebrar um contrato de seguro para cobertura de outras prestações próprias do empregado.

Analogicamente, o art. 6º, § 10, dessa norma administrativa aceita a condição de segurado especial para o cônjuge e o outro "estiver em local incerto e não sabido".

Por outro lado, até o advento do PBPS (24.7.91), havia uma distinção no universo rurícola: trabalhador rural sujeito ao regime rural (PRORURAL) e trabalhador rural sujeito ao regime urbano (RGPS).

Eles foram equiparados aos segurados urbanos do RGPS, não havendo mais essa separação e, destarte, a mulher se aposenta por idade com 55 anos e os homens aos 60 anos de idade desde que sejam campesinos. Exceto se forem portadores de deficiência quando essa idade é diminuída em cinco anos (LC n. 142/13).

Devem ser consultados os excertos do acórdão do TRT/MS, em 4.10.11, citado pelo Guia Trabalhista, colhido na internet em 25.4.13. "Não houve litigância de má-fé em pedido de reconhecimento de vínculo empregatício feito por ex-esposa em face do ex-marido". É o que entendeu a Primeira Turma do Tribunal Regional do Trabalho da 24ª Região que ratificou, por unanimidade, decisão do juízo da Vara do Trabalho de Aquidauana.

Para o magistrado, é possível haver o reconhecimento de vínculo de emprego entre cônjuges ou parentes, ou seja, mulher pode ser empregada do homem, desde que presentes os requisitos previstos no art. 3º da CLT.

TEMPO DE DURAÇÃO

O tempo de duração de uma relação humana implica em presenciar-se um encontro eventual, permanência de curta duração e, o caso mais usual, de verdadeira duração. No passado, o legislador fixou esse prazo em cinco anos, mas se revelou inadequado.

No universo conjugal existe estabilidade em pouco tempo de existência (devido a *voluntas*) e instabilidade o período todo de mútua convivência.

Obviamente, afastada a hipótese de relação eventual (raramente protegida pela lei, exceto no caso da presença de filhos), em cada caso, restará ao observador intérprete certificar-se do *animus contrahendi*. Vale dizer, qual é a manifesta intenção das partes, que pode ser demonstrada a partir das condutas pessoais de cada um.

DISSÍDIO CONJUGAL

Conflitos de interesses são suscitados em qualquer relação humana, em particular numa união estável.

Um processo administrativo ou judicial para compor esses desentendimentos é admitido em Direito. Melhor, se antes o casal tentar uma composição amigável.

PRESUNÇÕES VÁLIDAS

São inúmeras as presunções válidas, relativas e absolutas, exatamente iguais as do casamento, em especial de que os filhos nascidos dentro de 9 meses do início da união, seja tida como do casal.

INTERPRETAÇÃO DA MATÉRIA

O elemento mais relevante da relação estável é a prova de sua existência de tal forma que se entende da existência dessa convicção, que se parta da presença da união.

Na dúvida centrada de ela ter existido a exegese deve inspirar-se na possibilidade de sua existência e prosseguir na busca de provas por menores que sejam.

LICENÇA PARENTAL

O Projeto de Lei n. 286/14 que tramita no Congresso Nacional pretende ampliar o evento determinante do auxílio-doença. A ideia é incluir um art. 63-A ao PBPS, estabelecendo o direito a uma licença parental.

A Comissão de Assuntos Sociais aprovou no fim de julho um projeto de lei que cria mais um tipo de benefício da previdência social, o auxílio-doença parental. A matéria é terminativa na comissão.

De acordo com o Projeto de Lei do Senado será concedido auxílio-doença ao segurado por motivo de doença do cônjuge, dos pais, dos filhos, do padrasto, madrasta, enteado, ou dependente que viva as suas expensas e conste da sua declaração de rendimentos. Não mencionou a doença do companheiro, mas certamente o direito será estendido a ele.

Auxílio se dará mediante comprovação por perícia médica, até o limite máximo de doze meses.

Essa medida é louvável, principalmente sabendo-se que o servidor já tem esse direito.

A autora do projeto, senadora Ana Amélia (PP-RS), afirmou, na justificativa à proposta, que a matéria busca dar tratamento isonômico aos segurados do RGPS em relação aos segurados dos RPPS. Segundo ela, a regra em vigor no RGPS prevê o benefício somente àquele que sofreu uma lesão incapacitante ou que tem um problema psiquiátrico.

> "Parece existir então o que se chama de proteção insuficiente no que concerne aos segurados do regime geral, o que não se pode permitir".

A senadora ainda explicou que o pagamento do benefício nos moldes defendidos seria uma forma de economia aos cofres públicos, já que a presença do ente familiar pode auxiliar em diversos tratamentos e diminuir o tempo de internação do paciente.

A relatora Vanessa Grazziotin (PCdoB-AM), salientou que há duas classes de segurados: os do RPPS, com direito ao auxílio-doença parental e os do RGPS sem este direito, embora sem vedação expressa. A proposta, a seu ver, corrige essa omissão.

Nesse caso o benefício "será definido por motivo de doença do cônjuge ou companheiro, dos pais e dos filhos, do padrasto ou madrasta e enteado, ou dependente que vias suas expensas e conta da sua declaração de rendimentos, mediante comprovação por perícia médica, até o limite máximo de doze meses, nos termos e nos *limites temporais* estabelecidos em regulamento" (grifos nossos).

Como concedido no Projeto de Lei as principais características dessa prestação seriam:

a) Tratar-se de benefício do segurado e não dos seus dependentes.

b) Direito gerado por parentes, dependentes ou não.

c) Será examinado o beneficiário gerador do benefício e não o segurado.

d) Duração máxima será de 12 meses.

e) Beneficiário não será segurado do RGPS ou de um RPPS.

f) O valor do benefício será calculado com base nas contribuições do segurado.

Uma vez que reduz a duração a 12 meses não fica claro o que seriam os "limites temporais" do RPS.

Note-se que nos dois casos não se fala em incapacidade nem em deficiência e também não se alude a possibilidade de um de desses beneficiários ser também segurado do RGPS ou de um RPPS.

CITAÇÃO DO CÔNJUGE

A Quarta Turma do STJ cassou decisões proferidas em uma ação de reconhecimento e dissolução de união estável com divisão de patrimônio porque um dos conviventes era casado e sua esposa não fora citada no processo.

"Esta corte superior entende que somente quando exercida a ampla defesa de terceiro se pode admitir o reconhecimento de união estável de pessoa casada", afirmou a ministra Isabel Gallotti, relatora do caso, e que pelo visto não se preocupou com a realidade propriamente dita comprovada nos autos.

A alegada união estável foi mantida entre a autora da ação e um homem em período durante o qual ele ainda era oficialmente casado. O relacionamento entre os dois terminou antes que o casamento fosse formalmente extinto por divórcio. Que é um ato formal.

Além de anular todos os julgados originários, o STJ determinou a citação da ex-esposa para que ela possa exercer a ampla defesa no processo que envolve seu ex-marido e a autora da ação.

Essa autora, apesar de alegar que o suposto companheiro estava separado de fato, admitiu que ele não tinha deixado definitivamente o lar, passando os fins de semana em Fortaleza e durante a semana morando com ela, em Mossoró (RN). Sustentou que a ex-esposa não teve participação na aquisição dos bens que garante fazerem parte de seu patrimônio junto com ele.

O homem admitiu a convivência com a autora, mas afirmou tratar-se de relação de adultério, pois continuava a conviver com a esposa. Acrescentou que a partilha do patrimônio adquirido durante o casamento lesaria o direito à meação de sua ex-esposa, da qual se divorciou em 2012, após o fim do relacionamento com a autora em 2010.

O Tribunal de Justiça do Rio Grande do Norte, além de ter considerado possível a união estável mesmo persistindo o casamento, afirmou que essa união produziria efeitos contra terceiro não citado (a ex-esposa), titular de patrimônio em mancomunhão.

Dessa forma, o tribunal confirmou a sentença que determinou a partilha de bens adquiridos na constância do vínculo conjugal com a ex-esposa, inclusive do imóvel registrado em nome dela.

A ministra Isabel Gallotti, relatora do recurso interposto no STJ pelo ex-marido, chamou atenção para o fato de não ter havido "oportunidade alguma de defesa e dilação probatória da então cônjuge".

Segundo ela, se a tese veiculada na contestação da ação é a de que continuou havendo convivência marital entre o homem e a então esposa, ainda que estivessem em processo de separação, "há interesse de terceiro que não pode ser negligenciado na ação, sob pena de nulidade".

Isabel Gallotti explicou que a ex-esposa teria interesse em "aderir à defesa do réu para comprovar a manutenção da convivência conjugal, o que afastaria a possibilidade de reconhecimento da união estável, nos termos da consolidada jurisprudência deste tribunal, no sentido de que não é admissível o reconhecimento de uniões estáveis paralelas".

UNIÃO ESTÁVEL COM SEPARADO

Embora tenha vivido quatro anos com seu companheiro, depois falecido, uma mulher não logrou que a Justiça Federal reconhecesse sua união estável. Ela não comprovou que sua relação amorosa era pública, contínua e duradoura, estabelecida com o objetivo de constituir família.

A decisão, relatada pelo desembargador Alan Sebastião de Sena Conceição, foi acatada por unanimidade pela 5ª Câmara Cível do Tribunal de Justiça do Estado de Goiás, em ação interposta pelos herdeiros do *de cujus*, que não se separara da mãe deles.

O relator reformou sentença proferida pelo juízo da Comarca de Goiânia, que reconhecera a união estável do casal no período em que estiveram juntos.

Os herdeiros sustentaram a ausência de requisitos legais imprescindíveis para o reconhecimento da união estável entre o casal, especialmente por conta do vínculo civil com sua esposa, a qual o acompanhou até o final da vida. Alegaram que a companheira não fez prova da referida separação de fato e do esforço comum com vista à aquisição de bens, e ausência de seu nome em documentos formais, como declaração de Imposto de Renda, ITR, plano de saúde e contratos bancários.

O relator ponderou que a mulher "ao longo do período alegado, não somente não logrou comprovar, a tempo e a contento, a separação de fato entre seu companheiro e esposa, bem como não demonstrou com satisfação, que sua relação amorosa com o *de cujus* gozava de publicidade e perseguia a constituição de família".

Para ele, as declarações testemunhais, a posse de objetos pessoais e fotos, por si só e isoladamente, não prestavam para revelar que duas pessoas conservaram-se em uma união estável, senão para ilustrar que alimentaram um caso (!).

Ponderou também que, geralmente privada de registro cartorário e da facilidade probatória que sua formalidade exibe, impõe a união estável elementos de convicção contundentes, pertinentes e contemporâneos, com aptidão para denunciar que, durante todo o tempo alegado, a convivência nunca foi sonegada, pausada, episódica e com o fito primordial de entretenimento mútuo e satisfação da lascívia entre ambos (!).

> "Afinal de contas, conviver em união estável é se colocar na posse do estado de casado, isto é, socialmente ter um comportamento público e notório, de marido e mulher, assim se tratando reciprocamente, e na intimidade compartilhar não apenas a satisfação, mas também sigilos que dela naturalmente brotam".

Na mesma ordem de ideias, o magistrado disse que estar na posse de cheques, roupas, carteira, celular, guias de transferência de animais, utensílios e documentos de identificação "francamente, não permitem seja configurada uma união estável entre duas pessoas, simplesmente porque poderiam ser confiados a um amigo, familiar ou a qualquer um com quem se tem intimidade".

Refletindo sobre as palavras do relator notar-se-á que este é um estranho exemplo de incompreensão, preconceito e insensibilidade de uma realidade social. Um retrocesso inaceitável.

RELACIONAMENTO ABERTO

A decisão adiante relatada diz respeito a presença de três homens: dois conviventes homossexuais e um terceiro parceiro consentido.

A 1ª Câmara Civil do Tribunal de Justiça, em recurso sob a relatoria do desembargador Jorge Luis Costa Beber, reconheceu a existência e a dissolução de união estável homoafetiva entre dois homens, com todos os efeitos jurídicos daí decorrentes.

No 1º grau, ainda que o relacionamento afetivo tenha perdurado por mais de 10 anos, com notoriedade, convivência pública, contínua e duradoura, aliados à inequívoca intenção de formar um núcleo familiar, o pleito foi negado por se tratar de uma relação do tipo aberta, com contatos sexuais consentidos, tanto de um como do outro companheiro, com terceiras pessoas.

> "Não compete ao Estado impor modelos familiares preconcebidos, tampouco se imiscuir num modelo de relacionamento afetivo, consensualmente escolhido pelos interessados, despido de preconceitos, onde a fidelidade e a exclusividade foram tratadas de modo diverso, não desnaturando a vontade de conviverem como consortes o fato de, por vezes, manterem relações sexuais paralelas e consentidas", amparado o relator em precedentes do STF — Recurso Extraordinário n. 898.060 e Ação Direta de Inconstitucionalidade n. 4.277.

Para Beber, o Direito é uma ciência viva e em constante evolução. "O conservadorismo do julgador, em sua formação consolidada sob os influxos dos conceitos tradicionais da família monogâmica por excelência, e seus preconceitos com novas formas de relações baseadas no afeto, na união de propósitos, não devem impregnar a decisão judicial que envolva um modelo não ortodoxo de união, quando essa sistemática é aceita com naturalidade entre os conviventes, que satisfazem, à exaustão, todos os demais requisitos de uma sociedade homoafetiva de fato", concluiu.

Com a decisão, os ex-companheiros tiveram a união reconhecida e encerrada na sequência, com a respectiva partilha dos bens havidos na constância da relação. O patrimônio em questão envolve imóvel e um veículo avaliados em R$ 2 milhões. Uma das partes alegava ter vivido apenas um namoro. A decisão da câmara foi por maioria de votos, em julgamento com colegiado ampliado. O processo corre em segredo de justiça.

TRANSFERÊNCIA DE UNIVERSIDADE

A 5ª Turma do Tribunal Regional Federal da 1ª Região negou provimento à apelação interposta pela Universidade Federal de Mato Grosso (UFMT) contra sentença que garantiu a uma aluna o direito a transferência definitiva do curso de medicina da Universidade Federal da Bahia para o mesmo curso na UFMT, em virtude da posse de seu companheiro e segundo impetrante no cargo de analista do Tribunal Regional do Trabalho da 23ª Região, em Cuiabá/MT.

Em suas alegações recursais, a UFMT sustentou que o requerimento de transferência compulsória não atende às exigências do art. 49 da Lei n. 9.394/96, pois o companheiro da estudante mudou-se de cidade para tomar posse em cargo público, não sendo o caso de transferência de ofício. A universidade argumentou ainda que o acolhimento da pretensão autoral afronta o princípio da isonomia.

O relator do caso, desembargador federal Souza Prudente, esclareceu em seu voto que o art. 1º da Lei n. 9.536/97 dispõe que a transferência ex officio será "efetivada entre instituições vinculadas a qualquer sistema de ensino, em qualquer época do ano e independente da existência de vaga, quando se tratar de servidor público federal civil ou militar estudante, ou seu dependente estudante, se requerida em razão de comprovada remoção ou transferência de ofício, que acarrete mudança de domicílio para o município onde se situe a instituição recebedora, ou para localidade mais próxima desta".

O magistrado salientou que o requisito da congeneridade foi atendido, pois se trata de transferência da Universidade Federal da Bahia para a Universidade Federal de Mato Grosso, ambas instituições de ensino superior públicas.

Esse desembargador federal asseverou que, embora a Lei n. 9.536/97 excepcione a situação de posse em cargo efetivo em razão de concurso público, cargo comissionado ou função de confiança, a concessão da ordem no caso em espécie justifica-se também em virtude da necessidade de preservação do núcleo familiar e do sadio desenvolvimento do filho menor de idade, nos termos dos arts. 226 e 227 da Constituição Federal.

O Colegiado, acompanhando o voto do relator, negou provimento à apelação da UFMT, confirmando a sentença no Proc. n. 0005126-08.2015.4.01.3600/MT.

LICENÇA-MATERNIDADE DE CÔNJUGE HOMOAFETIVO

A 3ª Câmara de Direito Público do Tribunal de Justiça de São Paulo negou pedido de uma mulher que pretendia ter direito à licença-maternidade nos mesmos moldes de sua companheira, que gerou a criança. De acordo com a decisão, o casal homoafetivo realizou procedimento de reprodução assistida. Após o nascimento do bebê, a gestante obteve licença de 180 dias, mas a autora da ação, que é servidora pública estadual, teve o pedido negado administrativamente.

O relator do recurso, desembargador Marrey Uint, explicou em seu voto que a jurisprudência aponta para a uniformização de direitos e deveres entre as diversas formações familiares e que, nesse contexto, a concessão de licença deve seguir os mesmos moldes de um casal heteroafetivo. Os 180 dias são concedidos a quem gerou a criança.

O magistrado ainda destacou: "Cediço que o ideal seria um período de licença-parental mais largo para que o casal, tanto homoafetivo, como para heteroafetivo, a fim de que pudessem escolher como vão dividir o período de gozo, afastando-se de fórmulas estanques. Infelizmente, tal conceituação ainda não chegou ao Brasil".

Participaram do julgamento do recurso os desembargadores Camargo Pereira e José Luiz Gavião de Almeida. A votação foi unânime.

UNIÃO ESTÁVEL SEM COABITAÇÃO

A 2ª Turma do TRF-1, de Brasília, manteve sentença que julgou improcedente o pedido de percepção integral da pensão por morte ao filho que não comprovou a inexistência da relação entre o pai e uma mulher, considerada como sua dependente.

Esse caso chegou ao tribunal após o requerente, inconformado com a decisão da primeira instância, apresentar recurso insistindo no seu direito ao recebimento integral da pensão, alegando que a mulher tida como companheira do pai não mantinha mais qualquer relação com ele, à época do falecimento, não podendo, portanto, ser dependente e continuar recebendo cota do benefício.

Na apelação contra a sentença da 3ª Vara da Comarca de Barbacena/MG, o filho argumentou que os documentos que embasaram a concessão do benefício à companheira eram anteriores à separação do casal. De acordo com prova testemunhal colhida, e escrituras públicas declaratórias, comprovou-se que o pai havia se mudado sozinho para um sítio e foi visitado pela mulher apenas duas vezes durante cinco anos.

No voto, o desembargador João Luiz de Sousa esclareceu valer a legislação vigente ao tempo do óbito do instituidor nos casos de pensão por morte, segundo orientação do STJ. A lei vigente à época do óbito é a Lei n. 8.213/91 que tem como beneficiários, na condição dos dependentes do segurado, o cônjuge, a companheira, o companheiro e o filho não emancipado, de qualquer condição, menor de 21 anos ou inválido.

No caso dos dependentes citados na referida lei, que inclui, entre eles, a companheira do segurado, a dependência econômica é presumida.

Para o desembargador João Luiz, o autor não foi capaz de comprovar que a união estável entre o pai e a mulher não mais existia à época do óbito. A orientação jurisprudencial do STJ, acompanhada pelo TRF-1, é a de que a união estável não necessita de coabitação para ser comprovada, sendo suficientes outros elementos probatórios que caracterizem o intuito de constituir família. E, no entendimento do relator, houve documentos suficientes para provar a existência da união estável entre o instituidor do benefício e a mulher.

O magistrado destacou elementos probatórios da união estável que foram juntados aos autos, como escrituras públicas declaratórias e certidões do Cartório de Registros de Imóveis informando a aquisição de um apartamento residencial pela mulher e a instituição de usufruto em nome do instituidor da pensão, por exemplo, bem como outros elementos.

> "Não é possível concluir nem pela ruptura da união estável, nem pela sua continuidade até a data do óbito do instituidor do benefício, não havendo, contudo, controvérsia quanto à existência de prévio compartilhamento de vidas entre os companheiros, com mútua cooperação e irrestrito apoio moral e material".

A mulher foi reconhecida como companheira e, portanto, dependente legal do segurado.

O colegiado, por unanimidade, negou provimento à apelação do autor no Proc. n. 0032322-68.2014.4.01.9199/MG.

NAMORO QUALIFICADO

Hoje em dia é bastante comum casais unindo sonhos com base no amor oriundo de um relacionamento físico. Com possíveis desdobramentos jurídicos, que interessa. Especialmente no que diz respeito à pensão por morte devida aos segurados filiados ao RGPS, mas incluindo outras prestações ou serviços.

As pessoas passam a viver juntas, dividem despesas, elas mostram mútua afeição, têm magoas, frustrações, alegrias e vão vivendo. Necessariamente carecem pensar em casamento. Principalmente por parte dos homens...

Muitos jovens tradicionalistas observam um período de namoro, noivado e posterior casamento, pensando na constituição da família (conceito jurídico válido para diversos fins).

Outros, entretanto, preferem conviver em união estável (que não passa de um casamento informalizado). Muitos pensam que essas duas uniões sejam iguais, o que não é verdade. Deveriam ser, mas ainda não são do ponto de vista prático e jurídico atual.

Especialmente no que diz respeito ao patrimônio e nos casos de uniões homoafetivas. Os parentes resistem, a acolher a união estável.

Crê-se ultimamente, que antes da caracterização de uma união estável apareceu uma figura, a do namoro qualificado. Seria um relacionamento modernizado, com algumas nuanças que o distinguem da união estável e que faz lembrar o namoro tradicional.

Diferentemente da união estável, o casal não vive na mesma casa, geralmente não tem filhos, a vida em comum não é tão pública nem tão duradoura. Não pensam em manter uma futura família. Às vezes, os membros são chamados de "ficantes". Por não serem unidos mo sentido técnico desse fenômeno previdenciário (pouco explicitado na doutrina), correm o risco de falecendo um, o outro não fazer jus à pensão por morte.

A lei exige que além de morarem no mesmo teto, dividirem despesas, apresentarem-se publicamente como casados e se não estiverem se encaminhando para constituir uma família, não seria uma união estável.

Por isso, em cada caso, a linha que difere a união estável do namoro qualificado somente será considerada após a análise do caso concreto.

As linhas para tal alcance foram definidas pelo Superior Tribunal de Justiça no julgamento do Recurso Especial n. 1.454.643.

Depois de concluir o curso superior e desejando estudar a língua nativa de um país, a mulher seguiu o homem e foi morar com ele no mesmo imóvel. Permaneceu por mais tempo do que o previsto no exterior, pois também cursou mestrado na sua área de atuação profissional. Tempos após, ficaram noivos. Ele comprou, com dinheiro próprio, um apartamento para servir de residência para ambos. Dois anos depois se casaram e dois anos mais tarde, veio o divórcio.

Do ponto de vista previdenciário, distinto do Direito Civil, importa essa distinção para que subsistam os direitos próprios dos dependentes dos segurados. No ensejo convindo sopesar que, especialmente pensando-se em pessoas mais idosas, essa união jurídica não exige um relacionamento sexual.

10. *DEPENDÊNCIA ECONÔMICA*

Com vistas aos benefícios previdenciários do RGPS a dependência econômica chama a atenção dos estudiosos.

Essa dependência ou mútua dependência, tem assentimento no Direito Previdenciário. Ainda que presente no comum dos casos, excepcionalmente é afetada a presunção absoluta, pois pode dar-se de um dos conviventes dispor de melhores condições financeiras ou econômicas que o outro.

Aliás, essa é uma das condições do deferimento da pensão alimentícia por parte do Poder Judiciário, um vínculo jacente entre o alimentante e o alimentado.

RENÚNCIA AOS ALIMENTOS

Para a Súmula STF n. 379:

> "No caso de desquite não se admite renúncia aos alimentos, que podem ser pleiteados ulteriormente, verificados os pressupostos lógicos".

Embora emitida em 1964 (falava em desquite porque não existia o divórcio em nosso país) esta Súmula justifica considerações na esfera securitária.

A irrenunciabilidade da pensão alimentícia é uma garantia do alimentado. Em alguma circunstância, quando claramente presente a vontade livre e consciente ela tem de ser aceita porque o Estado não pode impor a sua vontade ao indivíduo.

Prova disso é que a Súmula permite, posteriormente, uma mudança da volição humana.

Postada no âmbito do Direito de Família, é muito clara, afirmando que a mulher não poderia desistir da pensão alimentícia para si (e quiçá para os seus filhos); portanto, que seria um direito indisponível. Em seguida, reafirma a existência da pretensão a ser exercitada posteriormente. Conclusão confirmada pela Súmula STF n. 336, que é mais recente.

Previdenciariamente interessa saber da existência do direito à pensão por morte se inocorrente o pedido ulterior da pensão alimentícia e a prova da necessidade (que é substrato do direito à pensão alimentícia). Tendo havido legitimamente a renúncia e inexistindo disposição de tê-la pleiteado posteriormente ou não haver aquela necessidade, não há direito ao benefício dos dependentes.

Mas, depois do óbito, se estes demonstrarem que, por qualquer motivo e até por omissão deixaram de fazer essa prova ela teria de ser aceita *post-mortem*, fazendo nascer o direito à pensão por morte.

Para a Súmula STJ n. 336:

> "A mulher que renunciou aos alimentos na separação judicial tem direito à pensão previdenciária por morte do ex-marido, comprovada a necessidade econômica superveniente".

Se esse renunciante não logra obter os meios de subsistência, fato a ser exaustivamente comprovado, estar precisando da pensão alimentícia que, por qualquer motivo, não foi requerida ao Poder Judiciário. O texto da súmula silencia quanto à época em que ocorrerá a perda das condições econômicas ou financeiras, mas de regra deve sobrevir até a Data do Óbito do segurado.

Não explicita o que significa essas perdas e em que nível elas justificam a pensão por morte. Possivelmente, dentro do conceito de ausência dos meios mínimos de subsistência. Cada caso deve ser examinado em particular, buscando-se as provas para convencer o INSS da propriedade do direito.

Imagina-se que a pessoa não tenha desejado solicitar o benefício civil da pensão alimentícia, por orgulho (1), ignorância do direito (2), dificuldade de localizar o alimentante (3) ou este não ter condições de promover as quitações mensais (4).

A súmula afirma inovadoramente e cria norma jurídica que, demonstrada essa necessidade, é como se houvesse a pensão alimentícia, e a mulher (ou o homem) faz jus ao benefício. Pensando nas contribuições vertidas pelo segurado, cria regra inexistente, e tentando fazer justiça social, diz que o direito subsiste.

Embora sua redação fale em casamento, mulher (e marido), esse entendimento é extensível às uniões estáveis heterossexuais e homossexuais, nas mesmas condições, pois o fundamento é a dependência econômica.

DESQUITADA SEM ALIMENTOS

A respeito pontua o Prejulgado MTPS n. 12:

> "A mulher desquitada, sem direito aos alimentos, não pode pleitear a pensão previdenciária, tendo ocorrido partilha de bens. A viúva, com direito à pensão pretere a pessoa designada".

Boa parte dos Prejulgados do MTPS está superada pelo tempo, mas parece adequado apreciá-los quando tornem possível identificar avaliações equivocadas e que não devem ser repetidas.

A dependência econômica é questão conceitual e do ponto de vista prático envolve os meios de persuasão reconhecidos pela administração previdenciária e Justiça Federal.

Como fundamento das prestações dos dependentes hoje em dia é um anacronismo do Direito Previdenciário; de regra os cônjuges, unidos ou conviventes, em sua maioria trabalham e são filiados à previdência social.

Em face à legislação vigente considera-se dependência econômica uma relação jurídica estabelecida entre duas ou mais pessoas, de sorte que elas mutuamente se assistem ou uma delas, é responsável pela manutenção da outra.

Quanto à ordem jurídica, para produzir efeitos, a dependência é presumida ou tem de ser demonstrada. No que diz respeito ao nível, pode ser parcial, total ou mútua.

As pessoas contempladas no art. 16, I, do PBPS, beneficiam-se da presunção de dependência econômica. As arroladas nos incisos I e II do mesmo artigo têm de fazer a prova de sua existência. Por isso a Súmula diz que a viúva tem preferência em relação à pessoa designada (enquanto essa figura existiu).

A relação jurídica da pensão por morte envolve o casal e os filhos, os pais e irmãos do segurado.

Quando se trata da união estável heterossexual e homossexual, recentemente admitidas, os conceitos não estão ainda claros. Os aspectos práticos superam os formais. Se essas relações são de curta duração, os componentes pura e simplesmente se distanciam fisicamente. Quase não se cogita de dependência econômica ou de pensão alimentícia, mas evidentemente o direito existe se for provada a condição determinante.

Em Direito a palavra "alimentos" significa valores em dinheiro ou em espécies. Numa ou noutra modalidade visa à manutenção da pessoa alimentada (ainda que, na prática isso nem sempre suceda).

A rigor pode-se falar em alimentos decorrentes de condenação judicial que observa os critérios do Direito de Família e em alimentos próprios do Direito Previdenciário (bastante assemelhados).

Os alimentos costumam consubstanciar a pensão alimentícia, que é do Direito Civil, e que pode ser substituída pela pensão por morte previdenciária. Uma determina a outra, mas necessariamente não observam o mesmo valor (o que é intrigante). A existência de uma pensão judicial de R$ 1.000,00, falecendo o alimentante, pode gerar uma pensão por morte de R$ 5.645,80. Ao contrário, uma pensão judicial de R$ 50.000,00 pode demandar uma pensão por morte de R$ 954,00. Não há correspectividade entre ambas.

Do ponto de vista do direito à pensão por morte a pensão alimentícia será atendida por pagamentos em dinheiro ou entrega de bens que rendam valores em pecúnia. Será jurídica (porque o alimentante foi condenado) ou de fato porque assim acordaram alimentante e alimentado.

Em alguns casos, um segurado será determinado judicialmente para pagar pensão alimentícia para os fins e desobrigado de fazê-lo em relação à mulher. Nesse caso, ela não será incluída entre os dependentes e um dia, quando o filho mais novo completar 21 anos cessará o direito ao benefício previdenciário.

O Prejulgado MTPS n. 12 diz que:

> "A dependência econômica, que propicia à pessoa designada habilitar-se ao benefício, pode ser parcial, devendo, no entanto, representar um auxílio substancial, permanente e necessário, cuja falta seria de molde a acarretar um desequilíbrio sensível dos meios de subsistência do assistido".

Embora se refira aos designados, esse entendimento aplica-se aos pais e irmãos do segurado.

SEPARAÇÃO DO CASAL

Os interessados terão sua inscrição no INSS cancelada no caso de separação judicial, de fato, desquite ou divórcio, sem a presença dos alimentos. Ainda não há muita clareza jurídica na situação dos separados de fato. De modo geral, se ausentes outros dependentes, é como se a união se mantivesse, no entender da Justiça Federal.

Diz o art. 65, § 2º, do PBPS que:

"O cônjuge divorciado ou separado judicialmente ou de fato que recebia pensão de alimento concorrerá em igualdade de condições com os dependentes referidos no inciso I do art. 16 desta Lei".

Tem-se, pois, que a mulher separada ou divorciada do marido e o marido da mulher, ambos sem receber pensão alimentícia do cônjuge do qual se distanciou juridicamente, não faz parte do rol dos dependentes com direito à pensão por morte.

Previdenciariamente eles não têm mais nada em comum, mas decisões escoteiras da Justiça Federal, às vezes, concedem o benefício (especialmente se não há outras pessoas com a mesma pretensão).

Com a percepção da pensão alimentícia, de certa forma restabelece-se a dependência econômica e é como se novamente as pessoas restassem unidas. O vínculo que as liga é essa pensão alimentícia (que, por vezes, sem a condenação judicial, se apresenta apenas de fato). Embora o direito em si seja irrenunciável o cônjuge pode abdicar das mensalidades da pensão alimentícia e assim se afastar do segurado. Não importando o motivo.

Conforme o Prejulgado MTPS n. 13.*b*:

"Não tendo havido restabelecimento legal da sociedade conjugal, a mulher, que perdeu o direito a alimentos, não tem direito à pensão nem pode reclamá-la, alegando a condição de companheira do ex-marido".

Mesmo à época em que foi editado (1971) este Prejulgado era sem sentido. É visível a distinção que fazia entre união estável e casamento. Sobrevindo o desfazimento da relação conjugal sem o direito à pensão alimentícia a ex-esposa não fazia jus à pensão por morte.

Abstraindo que o fato da reunião pudesse ter refeito o casamento, se novamente passaram a viver juntos, num regime de união estável essa mulher faz jus ao benefício na condição de companheira. Mas, claro se isso não aconteceu e ela apenas alegou essa condição sem lograr provar, o direito não subsiste. Ex-esposa não é necessariamente companheira.

Própria do então, diz o Prejulgado MTPS n. 13.*c*:

"A companheira não faz jus ao benefício se a esposa com direito às prestações, e esta só perde a qualidade dependente por via de sentença judicial, que a declare culpada de abandono do lar e ao mesmo recusa-se a voltar".

Tal entendimento deve ser analisado sobre cinco aspectos: a) direito da companheira concorrente com a esposa; b) direito da esposa; c) perda judicial da condição de dependente; d) abandono do lar; e e) recusar-se a volta. Das cinco afirmações quatro delas são impróprias, inadequadas e anacrônicas.

O direito da companheira não é elidido, se também há direito por parte da esposa. A pensão será dividida caso ambas provem a pretensão jurídica. Falecendo um segurado que pagava pensão alimentícia para a esposa e vivia com uma companheira, tal fato determinará a divisão igual da pensão por morte.

Ainda que ele estivesse vivendo com uma companheira, o direito da esposa é igual caso isso não estivesse acontecendo; ela apenas tem de convencer o INSS da dependência econômica.

Nenhuma mulher perde a condição de dependente por decisão judicial; são os fatos que podem determinar essa consequência jurídica. No máximo, a Justiça Federal os declarará presentes ou não.

Pouco importa se a separação foi amigável ou litigiosa, se a mulher abandonou o lar ou ao desfazer união despediu-se cerimoniosamente do marido.

A mulher tem o direito de se recusar a voltar ao lar e essa manifestação machista contrária nada tem a ver com o Direito Previdenciário.

DESIGNAÇÃO DE DEPENDENTES

Reza a Súmula TNU n. 4:

> "Não há direito adquirido, na condição de dependente, pessoa designada, quando o falecimento do segurado deu-se após o advento da Lei n. 9.032/95".

Dependentes são pessoas que dependem do segurado, com vistas aos benefícios do RGPS (ou de um RPPS). A dependência econômica é um conceito próprio do Direito Previdenciário, instituto técnico um tanto quanto anacrônico, mas vigente.

Excepcionados os indivíduos presumidos como tais (grupo familiar básico), em 1991 o PBPS consagrava os pais, os irmãos e o que chamava de "pessoa designada, menor de 21 (vinte e um anos) ou maior de 60 (sessenta) anos ou inválida", como dependentes.

Designou esses possíveis beneficiários de "pessoas" porque eles não precisavam ser parentes do segurado. Entretanto, deveriam fazer prova da dependência econômica, tanto quanto os demais membros da família (PBPS, art. 16, I/II). Logo, teria de haver algum tipo de vínculo econômico ou financeiro com o segurado.

A CLPS, ao se referir à designação, falava em menor de 18 anos. Excetuada a presença de filhos com direito, a designada concorria com os membros da família (CLPS, art. 10, § 5º).

Note-se que naquele momento histórico em que restringiu alguns direitos, o PBPS majorou o limite de 18 para 21 anos, estendendo a proteção, é claro, sem qualquer preocupação quanto à precedência do custeio.

Alhures consta que o INSS propôs a alteração do PBPS excluindo a figura do dependente designado porque alguns familiares convenciam os octogenários a designarem bebês, seus netos ou bisnetos e até estranhos que, com o seu falecimento receberiam o benefício da pensão por morte até completarem 21 anos. Obviamente, quando pudessem fazer a prova da dependência econômica (procedimento administrativo não muito claro até hoje na legislação).

A Lei n. 9.032/95 alterou esse cenário e excluiu tais dependentes do rol dos beneficiários do segurado. Agiu por omissão, descrevendo novamente o art. 16 e eliminando o inciso IV. Então, a partir de 28.4.95 tornou-se juridicamente impossível designar qualquer pessoa. Numa palavra, vedou as designações.

A dúvida que emergiu dizia respeito às designações operadas antes de 29.4.95, beneficiadas pela ideia do ato jurídico perfeito (e poucos se deram conta de que se tratava de ato jurídico sob condição resolutiva), em face do óbito posterior aquela data.

Quem estava designado continuou nessa condição, porém os efeitos jurídicos da designação em face da pensão por morte dependiam do falecimento do segurado. Para que fossem preenchidos os requisitos legais desse benefício era preciso que o segurado tivesse falecido até 28.4.95. Ocorrendo depois, ela perdia sentido.

Agiu bem o redator da Súmula ao falar em direito adquirido, pois se trata desse instituto e não do direito simples. Apenas confundiu um pouco o direito adquirido à designação com o direito adquirido à pensão por morte; o primeiro existiu, mas não o segundo deles.

11. *TIPOS USUAIS DE UNIÕES*

Embora com outro título, a união estável designa a modalidade mais antiga da união monogâmica de um homem com uma mulher.

> "Vida em comum de companheiros, isto é, estado jurídico correspondente à convivência de pessoas de sexos distintos, que vivem como se casados fossem apresentando-se publicamente juntos, partilhando o mesmo lar ou não e dividindo os encargos da *affectio societatis* conjugal, com estabilidade não fácil de ser caracterizada, embora não exigida dependência econômica, agora presumida e que gera o direito à pensão por morte, em ambos os casos os membros se auxiliavam e mantinham uma família, o que pressupõe, de regra, certa convivência sob o mesmo domicílio e não um relacionamento às escondidas (próprio da união de amantes), sem se confundir com sociedade comercial ou com a frequência de relações amorosas não definidas (CF, art. 226, § 3º)" (*Dicionário NOVAES de Direito Previdenciário*, São Paulo: LTr, 2013, p. 464).

No ensejo, vale observar que lei posterior passou a exigir prova da dependência econômica.

CASAMENTO CIVIL

O casamento civil, às vezes popularmente confundido com a sua cerimônia, é o previsto no Código Civil, a união paradigma que serve de referência para as demais formas de convivência marital.

Ele é tido como oficial, institucional e formal, contando com o apoio das instituições, religiões e do Estado.

Sua prova é facílima e a certidão de casamento beneficia-se de inúmeras presunções jurídicas. Curiosamente, quando uma viúva cujo marido faleceu após 50 anos de casados, apresenta esse documento a uma APS do INSS não paira dúvida sobre a vigência da união. Ele representa no mundo jurídico a existência da união civil e quem dele duvidar, que faça a prova em contrário.

CASAMENTO RELIGIOSO

A legislação civil reconhece o casamento civil e a previdência social, no mínimo a tem como uma união estável, ainda que para os cristãos seja um sacramento especialíssimo.

Do ponto de vista moral é mais relevante que o casamento civil.

CASAMENTO ESPÍRITA

Trata-se de uma cerimônia típica da doutrina espírita, equivalente a união estável ou ao casamento religioso.

CASAMENTO NO EXTERIOR

O casamento no exterior depois de reconhecido no Brasil, equivale ao nosso casamento e produz os mesmos efeitos jurídicos.

CONTRATO CARTORIAL

Existem casais que celebram um contrato particular, com registro civil, em que são estabelecidas as condições da união.

CASAMENTO DE PESSOAS IDOSAS

A Lei n. 13.135/15 dispõe sobre a união civil de pessoas com idade adiantada, em particular quando internadas em hospitais.

CASAMENTO HOMOSSEXUAL

É o casamento de pessoas do mesmo sexo, admitidas em alguns países. O estrangeiro assim casado que veio para o nosso país pode ser reconhecido.

UNIÃO ESTÁVEL NO EXTERIOR

Se alguém viveu em união estável no exterior ela se comunica ao Brasil.

NUNCUPATIVO

É a união forma realizada quando de perigo de morte, conhecido como *in extremis*. Geralmente realizado em um hospital.

MENORES DE IDADE

A legislação civil dispõe sobre o casamento de menores.

UNIÃO ESTÁVEL E RELACIONAMENTO ABERTO

O Poder Judiciário já reconheceu a existência da união estável quando um dos conviventes manteve um relacionamento com outro homem autorizado pelo outro membro.

12. PRÁTICA PREVIDENCIÁRIA

PENSÃO POR MORTE

Desde 2000 é reconhecido o direito dos companheiros quando um deles falece, à pensão por morte do Regime Geral. Se o *de cujus* pagava pensão alimentícia a ex-esposa, ela concorrerá com o companheiro supérstite.

As novas regras da Lei n. 13.135/15 valem para a união estável.

Igual raciocínio pode ser estendido ao auxílio-reclusão e ao auxílio-doença parental dos servidores públicos.

A companheira tem o direito de fazer visitas íntimas ao companheiro preso, como se esposa fosse.

AUSÊNCIA OU DESAPARECIMENTO

Se um dos companheiros se ausenta ou desaparece aplicam-se as regras do Direito Civil e previdenciário, com vistas à pensão por morte.

BENEFÍCIO DA LOAS

Uma união estável constitui a família de que cuida a Lei n. 8.743/99 que disciplina o benefício de pagamento continuado da LOAS.

REVISÃO DE CÁLCULO

Caracterizado como dependente e sucessor, o companheiro remanescente pode ingressar com um pedido e revisão da aposentadoria recebida pelo falecido.

O pedido de despensão não foi acolhido pela Justiça Federal.

CONCORRÊNCIA PREVIDENCIÁRIA

Um ex-companheiro supérstite, com vistas à pensão por morte, poderá concorrer com a ex-cônjuge que receba pensão alimentícia.

ATRASADOS PREVIDENCIÁRIOS

Se um convivente falece sem ter recebido algum valor, deixa um montante previdenciário conhecido como crédito do falecido, que passa a ser de alguém.

A esse respeito diz o art. 112 do PBPS:

> "O valor não recebido em vida pelo segurado só será pago aos seus dependentes habilitados à pensão por morte ou, na falta deles, aos seus sucessores na forma da lei civil, independentemente de inventário ou arrolamento."

Igual redação se colhe no art. 165 do RPS. Quer dizer, os créditos do segurado que ele não auferiu em vida têm destinação legal específica.

Tem-se aí, pois, mensalidades de aposentados e mensalidades de pensionistas (*in casu,* pensando-se nos sucessores civis).

A regra é clara: havendo pessoas com possível direito à pensão por morte, elas têm preferência para receber os atrasados, convindo ao administrador que instrua a decisão com a certeza desse fato.

Por vezes, depois de ter pago a uma viúva aparece uma companheira com direito. Neste caso, se agiu com culpa *in vigilando,* o gestor terá de tentar reaver a quitação indevida ou assumir o ônus e quitar a companheira.

Exceto se houver absoluta certeza quanto ao titular do benefício, é recomendável que o INSS aguarde o seu deferimento para então pagar os dependentes. Se não existirem dependentes com direito à pensão por morte os sucessores civis receberão os montantes deixados.

Para o Ministro do STJ Napoleão Nunes Maria Filho não há necessidade de abertura de inventário para o levantamento de parcelas depositadas em conta corrente do titular falecido (RESP n. 111.552-8/RJ, da 5ª Turma, em 19.10.2009, *in Revista Síntese* n. 247, de jan. 2010, p. 213).

Quando de dúvidas, os interessados devem procurar o Poder Judiciário para definição das pessoas com direito.

A norma não fala dos resíduos deixados pelos pensionistas e que, como a pensão por morte, não geram outro benefício, os sucessores terão direito ao valor.

Conforme o art. 419, § 2º, da IN INSS n. 11/06, neste caso e nos demais benefícios sem dependentes "será realizado mediante autorização judicial".

Declaração da pessoa habilitada de que é único herdeiro será bastante para que se consuma o pagamento (§ 1º).

Como o valor foi adquirido durante a constância da união esse está excluído da comunhão de acordo com o art. 1.668, V, do Código Civil:

> "São excluídos da comunhão os bens referidos nos incisos V e VII do art. 1.659."

Esse art. 1.659 do Código Civil diz: "Os proventos do trabalho pessoal de cada cônjuge" (inciso VI).

O Ministro Massami Uyeda entendeu que o marido faz jus às diferenças previdenciárias de sua mulher falecida (Recurso Especial n. 918.173/RS, no Proc. 2007.001299-6, decisão de 10.6.2008, *in Revista Síntese* n. 230, de ago. 2008, p. 158-163).

> "Havendo mais de um herdeiro, o pagamento poderá ser efetuado a apenas um deles, mediante declaração de anuência dos demais." (art. 419, § 1º).

Daisson Portanova, citado nos Comentários da IOB ao acórdão que dispensou o inventário *(Rep. de Jurisp. IOB* da 2ª quinzena de nov. 2009, p. 686-687) diz que: "Não há, como dita o direito material indicado, qualquer possibilidade de os sucessores civis receberem parcelas previdenciárias, quando não tiverem direito à pensão".

A desembargadora Leide Polo especificou quais são os critérios de atualização e juros de mora: "3. Corrigem-se as parcelas vencidas na forma do Manual de Orientação de Procedimentos para os Cálculos na Justiça Federal e os juros de mora incidem desde a citação inicial, à razão de 0,5% (meio por cento) ao mês, a teor do que dispõem os arts. 219 do Código de Processo Civil e 1.062 do Código Civil de 1916. A partir de 11.01.2003, data da vigência do novo Código Civil, Lei n. 10.406, de 10 de janeiro e 2002, nos termos do art. 8º, *caput* e § 1º da Lei Complementar n. 95, de 16 de fevereiro de 1998, deverão ser computados nos termos do art. 406 deste diploma e 161, § 1º, do Código Tributário Nacional, ou seja, em 1% (um por cento) ao mês.

E, ainda, a contar de 30.6.2009, data em que passou a viger a Lei n. 11.960, de 19 de junho de 2009, a qual alterou o art. 1º-F da Lei n. 9.494, de 10 de setembro de 1997, os juros incidirão uma única vez, até feito pagamento, e serão aqueles correspondentes aos índices oficiais de remuneração básica e juros aplicados à caderneta de poupança" (Decisão de 14.6.2011, da 7ª Turma do TRF da 3ª Região na AC n. 2007.03.99.30952-0/SP, 14.6.11, *in Rep. de Jurisp. IOB* n. 2-29.725).

13. Direitos do Poliamorismo

Introdução

POLIGAMIA HOMOAFETIVA

Rigorosamente não subsistem fontes formalizadas sobre essa hipótese, seria uma união homoafetiva poligâmica, até porque devem ser poucos os casos ou as pessoas ignorarem eventuais direitos.

Quando da análise de situações concretas, principalmente sobre os aspectos previdenciários (filiação, inscrição, concorrência na pensão por morte e no auxílio-reclusão), o intérprete terá de se remeter à teoria das relações heterossexuais, bastante amadurecida no Brasil há algum tempo, pelo menos desde 2000.

A compreensão desses fatos não se eximirá do alinhamento quanto aos aspectos morais, sociológicos religiosos, o que certamente poderá embaraçar uma visão prospectiva da questão. Que, a nosso ver, residirá mais na comprovação e aceitação do que em outros ângulos da questão.

Será inevitável apreciar a estrutura lógica do poliamorismo" de Pablo Stolar Gagliano *(Direito da(o) amante: na teoria e na prática (dos tribunais),* disponível em: <http://ww3.lfg.com.br/publi_htm/article.ph>, p. 29).

Tecnicamente, não há muita diferença entre a poligamia heterossexual e a homossexual; o que certamente dificultará o exercício dos direitos, além da aceitação da realidade por parte do observador, serão os meios de prova. Ainda mais dificultados.

Em especial, o que disser respeito à dependência econômica que substancia a eventual pretensão jurídica, pois não basta a afetividade ou a disposição de constituir uma família.

Evidentemente, qualquer avaliação desse cenário deverá considerar a evolução da atual legislação da Previdência Social, que se avizinha no Congresso Nacional, em particular aquela que diz respeito aos benefícios dos dependentes dos segurados.

OBJETIVO DO ESTUDO

Assim como sucedeu e sucede ainda com a união estável heterossexual ou homossexual, o surgimento de uma realidade no seio da sociedade produz perplexidades, dúvidas e desafios no pensamento, aplausos e censuras.

É próprio dos fenômenos inusitados gerarem insuspeitadas adversidades de assimilação por parte de quem tem obrigação de compreendê-los e de dar andamento às soluções.

Constatado um dissídio pertinente ao tema agora sopesado, o primeiro ramo jurídico a ser invocado possivelmente será o direito de família e o direito patrimonial, no seio do Direito Civil. Questões complexas pela própria natureza que assim permanecerão até se sedimentarem as ideias.

De alguma forma e com pequena expressão, tais esforços científicos terão de abordar aspectos como os penais e, em particular, os criminais.

Um exemplo singelo: como enfrentar a pretensão jurídica previdenciária de quem comete um homicídio contra o segundo parceiro da poligamia? Submete-se ao mesmo questionamento do primeiro parceiro?

Na hipótese de seguro de vida relevará também saber quem serão os beneficiários do contrato celebrado, não deixando margem à dúvida da identidade dos possíveis destinatários. Quando da união menciona atividade que faz parte do conceito de família, de uma apólice que fale apenas em companheiro, convivente ou parceiro do segurado, poderá abarcar mais do que uma pessoa do mesmo sexo, a primeira ou a segunda das duas uniões.

Existem muitos institutos do direito comercial que poderão reclamar uma disciplina minuciosa dos envolvidos, principalmente quando disserem respeito à família, devendo-se solucionar a definição do alcance das cláusulas avençadas.

Por fim, o Direito Previdenciário e, especialmente, a pretensão ao auxílio-reclusão do convivente preso que se envolveu com duas relações desse tipo, o direito à pensão por morte será o benefício mais complexo deles.

Lembrando o que aconteceu no passado, importará definir o direito da pessoa que formal ou informalmente fez parte de uma reunião familiar em que estavam presentes três pessoas do mesmo sexo, homens ou mulheres.

UNIÃO HOMOAFETIVA

A união homoafetiva pode ser conceituada como uma união estável ou oficializada entre duas pessoas do mesmo sexo (*Tratado Prático da Pensão por Morte.* São Paulo: LTr, 2012).

Do conceito básico, faz parte uma ideia de constituição de uma família de pessoas do mesmo sexo, ampliada com a possibilidade do exercício de certos direitos civis.

Encontros ocasionais, particularmente os que envolvem atos de prostituição, não integram essa concepção. O sexo ocasional *é* incapaz de gerar direitos previdenciários, excetuado se sobrevier gravidez.

Destoando da união heterossexual, a principal característica é serem os parceiros do mesmo sexo (homem com homem ou mulher com mulher). Não se cogita dos bissexuais ou transexuais. Ou seja:

a) Identidade sexual;

b) Convivência *more uxore;*

c) Mútua assistência;

d) Constância regular;

e) Objetivo familiar;

f) Afetividade amorosa; e

g) Alguma publicidade.

No mais, seguem os andamentos e considerações da união estável, estando praticamente consolidada no Direito Previdenciário brasileiro desde 2000.

Até que se considere a Ação Civil Pública n. 2000.71.00.009340-7, a despeito dos esforços dos especialistas, não havia reconhecimento jurídico da união homoafetiva, sobrevindo muitos embates doutrinários e jurisprudenciais e a disposição do INSS de negar benefícios aos dependentes. E também da gestão dos RPPS.

Com algumas diferenças tópicas, a evolução do conceito assemelhou-se ao direito das companheiras na união heterossexual havido na década de 1960.

Com a sentença da Juíza Marina Vasques Duarte, de Porto Alegre, o reconhecimento da união estável homossexual e a pensão por morte ou o auxílio-reclusão foram entronizados no Direito Previdenciário *(A União Homoafetiva na Previdência Social.* São Paulo: LTr, 2003).

Com as IN INSS ns. 25/00 e 11/06, já revogadas, a Previdência Social disciplinou administrativamente a matéria, restando apenas dúvidas quanto aos meios de convicção.

As provas dessa união não são fáceis de serem reunidas, aumentadas com as discriminações e os preconceitos vigentes e foram exemplificadas em nosso *A União Homoafetiva no Direito Previdenciário* (São Paulo: LTr. p. 119/123).

Em certos casos, diminuídos os óbices burocráticos com a formalização da união em cartório de registro civil.

Tanto quanto na união heterossexual, o direito à pensão alimentícia é pressuposto da dependência econômica. A ausência de sexo não faz parte de sua definição, o que leva os estudiosos a considerar a união de dois parentes (homens e mulheres) que vivem juntos.

POLIGAMIA HETEROSSEXUAL

Quando um homem casado com uma mulher ou vivendo com ela em união estável simultaneamente mantém uma união estável com outra mulher, caracteriza-se a poligamia heterossexual.

Civil, pessoal e socialmente, é uma modalidade de adultério não acolhida pelas religiões e por boa parte da sociedade.

Embora certamente seja incomum, igual se passará se for uma mulher casada com um homem nas mesmas condições e conviver com outro homem além do seu marido.

Claro, nas duas relações referentes tidas como união estável.

Os determinantes desse cenário são a heterossexualidade das duas uniões consideradas, alguma duração no tempo, casamento ou união estável formalizada ou não, ausência de publicidade da segunda união e ter havido ou não filhos em comum.

As provas da segunda união são praticamente as mesmas da união estável (que podem ser iguais às do casamento civil quando da ausência de comprovação desse fato).

Encontros amorosos sem a disposição de permanência, designados como esporádicos, ocasionais ou eventuais, não demonstram uma segunda união.

Comprovadas as duas uniões, falecendo o cônjuge, o cônjuge supérstite concorrerá com a ex-esposa o direito a pensão por morte. Tal cenário tem sido muito comum hoje em dia e as conclusões valem para o auxílio-reclusão.

O pagamento de pensão alimentícia não define a poligamia em face da separação como aqui considerada, mas consuma o pressuposto da dependência econômica em face de direitos previdenciários.

Nesse sentido, a presença da amante, tida tecnicamente como tal, e sem confusão com companheira, em face da não existência de dependência econômica não garante os direitos ora considerados.

O tema é objeto de acaloradas divergências doutrinárias e jurisprudenciais, envolvendo célebres discussões sobre aspectos morais, sociológicos e religiosos. Há quem entenda que juridicamente um homem casado não pode manter uma união e, equivocadamente, denomina a companheira como concubina ou amante.

POLIGAMIA HOMOAFETIVA

Considera-se presente uma união homoafetiva poligâmica quando dois homens ou duas mulheres, mantendo uma união estável formalizada ou não entre si, simultaneamente ainda mantenha uma segunda união estável.

As principais características desse tipo extraordinário de união são a presença de duas efetivas uniões, serem homossexuais, perdurarem no tempo e ausência de publicidade da segunda delas.

Diante do cenário configurado, as dificuldades de comprovação da união estável homoafetiva são acrescidas quando, ao mesmo tempo, sobrevém mais uma união, restando aos interessados um reforço de prova desse estado fático.

Um homem ou mulher que vivencie uma união estável e vivencie uma relação esporádica com outro homem ou outra mulher não caracteriza a figura da união homoafetiva poligâmica; carece provar a permanência da disposição de haver uma união estável.

São três hipóteses possíveis:

a) União formalizada e união não formalizada;

b) Duas uniões formalizadas;

c) Duas uniões não formalizadas.

Na primeira circunstância, conforme o caso, sobreveio uma formalização da união e um dos seus membros mantém uma união não informalizada.

No segundo caso, os parceiros mantêm duas uniões formalizadas.

Na terceira possibilidade, são duas uniões de fato.

O convivente estar obrigado a pagar pensão alimentícia a outro convivente e manter uma união estável com um segundo convivente, ainda que presentes desdobramentos civis e previdenciários, não caracterizará uma união homoafetiva poligâmica. Falecendo o segurado, sobrevirá a divisão da pensão por morte.

Pode dar-se de haver um filho tido ou adotado que concorra com o convivente supérstite.

PENSÃO POR MORTE DOS POLÍGAMOS

A pensão por morte é benefício do RGPS devido aos dependentes do segurado falecido, propondo-se a questão de saber como estes se situam, a concorrência, a divisão da pensão, as separações judiciais e as pensões alimentícias quando da união poliamorosa.

Falecido o segurado, as duas ou mais conviventes de uma poligamia, em tese dele dependentes (ainda que detenham meios de subsistência), comprovados os requisitos legais da Lei n. 13.183/15, individualmente concorrerão ao rateio da prestação.

Nos dias de hoje, a inscrição dos beneficiários é promovida quando da solicitação da pensão por morte.

Sem embargo da aceitação da figura da poligamia, a vigência da presunção da dependência econômica possivelmente será afastada para dar lugar a prova da mútua dependência, convivência *more uxore*, coabitação. Os interessados terão de fazer a inscrição numa APS e, se apresentar resistência, em um Cartório de Registros, pois isso facilitará a instrução do benefício.

Sem essa providência imaginem-se as dificuldades quando de dependentes não mais integrantes da união, alegando o direito de concorrer. Recebendo pensão alimentícia, não haverá problemas, mas caso contrário, o processo será tumultuado em matéria de prova.

A ideia tradicional da poligamia é de um componente provedor, mas na realidade é possível que isso nem sempre aconteça; todos os membros da união trabalhem ou desfrutem de meios de subsistência.

O adequado nesse tipo de união seria a mútua dependência e a ser provada. Até porque o direito do líder do grupo em relação a cada parceira é igual a destas pertinente a ele, se forem seguradas. Será difícil ao INSS aceitar a presunção da dependência tão somente pelo simples fato de conviverem juntos.

Uma mulher afastada da união e recebendo pensão alimentícia do *de cujus*, juntamente com os demais componentes fará jus à concorrência.

No caso daquela mais jovem, cuja cota cessou, o certo é sua parte recompor o montante inicial e a ser rateado entre as demais companheiras.

As presunções jurídicas *jure et de jure* e *juris tantum* envolvidas com o benefício constituem um árido desafio no Direito Previdenciário. Para serem suscitadas em relação a poligamia possivelmente terão de ser reexaminadas.

A presunção absoluta dos filhos menores de 21 anos ou inválidos é inatacável e não sofrerá modificações. A dos irmãos e dos pais mantém-se na condição de presunção relativa, impondo-se a prova.

A das companheiras possivelmente será objeto de contestação, caso a caso rejeitando-se a presunção absoluta.

Note-se: a aplicação da Lei n. 13.183/15 imporá a criação de uma variedade de situações:

a) mulher vivendo com o segurado há mais de 18 meses;

b) mulher jovem que receberá por apenas três anos;

c) mulher com direito à pensão por invalidez;

d) mulher sem qualquer direito.

O INSS terá de meditar sobre essas questões, se não quiser enfrentar demandas judiciais. Wagner Domingos da Costa (Mister *Catra*), com os seus 32 filhos 4 mulheres que o diga.

14. *DINÂMICA DA RELAÇÃO*

A experiência mostra que os gestos preambulares (normalmente românticos), o início propriamente dito, o desenvolvimento, a suspensão e o término da união estável, dadas as suas características inusitadas, experimenta condutas ligeiramente diferentes da união civil.

Cada caso é um caso.

Acredita-se que haja um período de simples conhecimento, equiparado ao antigo namoro usual, com encontros comuns, jantares, participação em eventos, em que os membros do futuro casal procuram se conhecer amiudemente, obter informações um do outro.

O cinema americano e as novelas da TV já mostraram as variadas modalidades dessa aproximação. É consabido que a atuação do homem, costuma ser mais incisiva, não se confunde com a da mulher.

De resto o eterno feminino quer o amor, filhos e família, o homem algo distinto, conforme a personalidade de cada um.

Um passo seguinte, mais comprometedor, poderia ser equiparado ao noivado, diante de um compromisso jacente. Por vezes, no decurso desse período a mútua conquista termina abruptamente.

Para aqueles estudiosos que têm o sexo como fundamental para caracterizar a união estável, um encontro íntimo determinaria o início da relação, mas nem sempre, e para os românticos pode ser antes. Ainda não são praticadas formalidades mais acentuadas.

Raramente ocorre uma cerimônia correspondente ao casamento em cartório registro civil, sem prejuízo de haver qualquer impedimento para isso.

Alguns casais formulam um acordo nupcial escrito em que são previstas cláusulas de responsabilidades, direitos e obrigações.

A união estável, uma vez estabelecida, se consolida no dia a dia, dura, perdura, se mantém.

Não há prazo fixado para isso.

Como sucede com o casamento, também ocorre a suspensão da ligação, curta ou mais demorada, com uma subsequente reaproximação.

Não existe formalmente uma separação fática no sentido formal, ainda que possa ser convencionada. Podendo dar-se de uma separação judicial.

A união estável não está livre de um adultério da existência de amante, quando esse cenário juridicamente resta mais complexo.

Curioso notar que subsistem pequenas distinções em relação ao padrão de vida dos parceiros. Os pobres juntam os panos e os ricos ouvem os advogados.

Por último, não estranhe que a união estável resulte em um casamento.

15. EQUIPARAÇÃO TOTAL

Espera-se que em um futuro breve a legislação civil e a previdenciária equiparem ao casamento a união estável. Ou deixe claro que é uma situação institucionalizada distinta, com obrigações e direitos próprios e para todos os fins de Direito.

Diante da realidade não há porque resistir a identidade entre as duas instituições.

Se necessário ao Estado cabe disciplinar as relações humanas com vista a soluções de dissídios havidos, mas jamais interferir na escolha do modo de viver do cidadão que não prejudique terceiros.

É desnecessário avultar que um parceiro poderá autorizar a internação do outro parceiro em um hospital e em conjunto com os demais parentes possa autorizar uma eutanásia, tornando dispensável a oitiva da autoridade judicial.

Do mesmo modo, se a esposa ou o marido não podem se candidatar a à Prefeitura Municipal quando esse homem ou essa mulher já fora ocupado do cargo de prefeito por dois mandatos, o mesmo raciocínio vale para a união estável.

Na condição de mãe qualquer dos conviventes tem autorização para atender chamado da escola em razão a filhos estudantes.

É interessante observar sociologicamente por que sobrevêm essas resistências históricas a união estável, exceto para submeter-se a influência das religiões e da moral militante. Essa oposição presta-se para traumatizar e discriminar pessoas iguais.

A primeira coisa que precisa mudar é o vetusto texto do art. 226, § 3º, da Carta Magna onde se lê:

> "Para efeito da proteção do Estado, é reconhecida a união estável entre o homem e mulher como entidade familiar, devendo a lei facilitar sua conversão em casamento".

Um texto tão curto contém gritantes impropriedades.

1 — Não se busca apenas a proteção Estado; no mínimo deveria dizer a proteção da lei. E não deve ser a proteção do Estado tão somente, mas a disciplina de todos os atos praticados no seio da sociedade. Só para o governo, já que Estado é abstração, é muito pouco, mesmo como em carta de intenções programáticas.

2 — Reconhecer a união estável é expressão inócua; deveria dizer admiti-la como entidade independente, mas nem isso porque não se trata, em um texto constitucional, de elevar algo ao verdadeiro panteão da Lei Maior. Quem constitui a união estável não a lei, mas a realidade social.

3 — Reconhecer apenas para fins de constituição da família é minorante, limitadíssimo, deve ser para todos os fins de Direito, e da vida, incluindo os não familiares, que não são poucos e relevantes.

4 — Por último a facilitação da conversão em casamento é de uma generosidade insuspeitada, que bom que assim seja, não é?

A redação deixa evidente que o legislador constituinte elegeu o casamento como parâmetro pétreo, um prêmio de bom comportamento para os mortais, uma indevida interferência do Estado na vida do cidadão.

Quem tiver de redigir o novo texto não pode ser um feliz marido apaixonado pela sua esposa, vivendo otimamente bem num casamento maravilhoso. Tem de ser alguém com grandeza histórica para saber o que está ditando. A disposição atual mostra que o nasceu sob fórceps de alguém contrariado como avanço pretendido e justificado.

16. *SITUAÇÕES PARTICULARES*

ACEITAÇÃO DA UNIÃO ESTÁVEL

Alguns magistrados com idade avançada, principalmente de tribunais superiores, resistem a aceitação da união estável como instituição civil, chegando ao extremo de não a considerarem uma entidade familiar.

Se não provada uma união estável, falecendo um dos conviventes, não há pensão por morte a ser deferida ao ente supérstite.

Por conseguinte, não haveria união estável religiosa, isto é, reconhecida pela Igreja, sem prejuízo de um casal obter a benção de um ministro religioso.

Os oponentes referidos têm suas razões.

I. Possivelmente são bem casados e satisfeitos;

II. Na maioria dos casos são muito religiosos;

III. Com idade avançada sem conexão com a realidade social;

IV. Conservadores, desprezam inovações;

V. Desconhecem, na prática, como se realiza esse tipo de união entre os personagens;

VI. Não veem com bons olhos quem não se casa;

VII. Ignoram a sacralidade nessa união;

VIII. Confundem com namoro qualificado.

ESTADO CIVIL

Um convivente pode ser solteiro, casado, viúvo ou divorciado, convindo chamá-lo de companheiro, unido ou convivente.

Quem vive em união estável, não é casado. Na melhor das hipóteses, unido.

A convivência de duas mulheres e duas famílias com um homem carece de distinções próprias.

Na condição de membro dessa família, por exemplo, de ser solteiro, divorciado ou viúvo, em certo caso poderá alegar esse estado civil para se beneficiar de algo legal.

UNIÃO ESTÁVEL NA PREVIDÊNCIA PRIVADA

A despeito que cada EFPC possa dispor no seu Regulamento Básico, pode estabelecer regras previdenciárias distintas do RGPS, no tocante a união estável a Previdência Privada é assemelhada a Previdência Pública.

Se alguém viveu em união estável, ela terá de ser reconhecida no INSS ou no fundo de pensão. Não há diferença, tanto faz.

Elementos materiais do processo previdenciário podem ser trazido como prova.

A 4ª Turma do STJ, em processo não identificado, decidiu que salário é individual e investimento é familiar e, assim um valor não recebido pelo titular deve ser partilhado ao convivente.

Igual raciocínio vale para o seguro privado.

RETROATIVIDADE DA UNIÃO

Como o casamento é um ato jurídico bastante formalizado não será fácil pretender retroagir a sua data de surgimento, cenário que possivelmente reclama busca do Poder Judiciário.

No que se refere a união estável, que não é tão formal, as coisas podem se complicar um pouco. Em agosto de 2021 a 3ª Turma do STJ vedou a escritura retroativa.

De modo geral, no âmbito da Previdência Social raramente é importante provar a existência pretérita da união estável.

De modo particular, especialmente quando era exigido período de 5 anos de convivência, pode haver interesse em demonstrar o início e a duração dessa relação fática e jurídica.

Antes, se houve um registro civil da união a sua data do início pode, ainda ser fixada em tempo anterior.

Essa é uma questão de prova.

Isso é relevante quando de uniões ioiô ou seja, nos casos em que o casal se separou, voltou a viver juntos. Se separou novamente e assim por diante.

Não tem muito sentido preocupar-se com os lapsos de tempo em que tiveram separados, o que interessa é o que se passou recentemente.

Segundo Maria Berenice o que não retroage é apenas o regime de bens.

Um caso particular será a prova da união estável depois do falecimento de um dos cônjuges.

DUAS FAMÍLIAS

No mundo fático a existência de duas famílias, de um homem com duas mulheres ou uma mulher com dois homens, doutrinariamente é rejeitada, polêmica e indefinida.

Tudo por conta da cultura religiosa, da moral vigente e da ética.

De acordo com o Direito Civil dois casamentos são impossíveis, cenário que continua a merecer estudos em face do regime de bens.

Mas, e duas famílias na União estável?

Certamente, sem saber por que, um Cartório de Registro Civil não admitiria um registro dessa natureza.

A previdência rejeita o deferimento de uma pensão por morte de um homem que manteve dupla união estável familiar.

Abstraindo a questão de prova, tanto quando do homem casado que tem uma união estável em separado, este é um tema que ainda espera os estudos doutrinários.

UNIÃO ESTÁVEL NUNCUPATIVA

Casamento nuncupativo é o realizado *in extremis vitae momentis*, vale dizer, quando um dos contraentes está em estado terminal.

Haveria uma união estável nuncupativa?

Ou seja, um dos conviventes está sob risco de vida, geralmente internado numa UTI e, por assim dizer, sem esperança de recuperação.

Como ele vivia informalmente compondo uma união estável fática, por qualquer motivo, os familiares pretendem registrar em cartório a providência formal que antes que não fora tomada *oportune tempore*.

Não há impedimento legal para isso sobrevir devendo-se seguir as regras do casamento nuncupativo.

Mais claramente, a legislação previdenciária restringe o casamento e, por conseguinte, a união estável de uma mulher jovem com um homem idoso, especialmente se for paciente terminal.

O INSS não tenta anular a união, apenas limita o valor do benefício em razão da idade da mulher.

DEPENDENTE ASSASSINA

A legislação previdenciária prevê restrições a pensão por morte do dependente que assassinou o segurado. Não faria jus ao benefício após transitar em julgado a sua culpa penal.

DATA DO INÍCIO

Em matéria de prova uma das questões que podem ser polêmicas é a data do início de uma união estável.

No caso do casamento tal fato é claro e de comprovação imediata, além da cerimônia que é pública consta da certidão de casamento.

Ausente o registro no Cartório de Registro Civil subsistem outros meios de prova.

Mas, de regra, usualmente na prática uma união estável falece de formalidades.

Ela emerge depois de algum tempo de conhecimento, amizade, namoro e finalmente, coabitação. O que deve ser levado em conta são os elementos materiais dessa instituição.

A coabitação oferece uma prova fácil, mas a convivência prévia não é. Fora desse cenário esclarecedor, em cada caso, suscitam outros convencimentos, como fotos, troca de presentes, procurações e, é claro, depoimentos testemunhais.

REGIME DE BENS

O regime de bens do casal unido não interfere na definição da pensão por morte, fato que, por exemplo, tem influência como a pensão alimentícia.

São regras distintas, ainda que a convivência previdenciária se preste como informação para a definição dos bens.

UNIÃO VIRTUAL

A vida hodierna apresenta casos que fogem ao comum do dia a dia. Não é impossível um casal separado territorialmente viver em união estável, presente os seus principais elementos.

INTERPRETAÇÃO

A união estável é um casamento fático com o qual não se confunde. Suas regras são distintas por mera causalidade. Quando não for possível adotá-las na exegese se poderá invocar os preceitos do casamento, principalmente os que fazem parte do RGPS.

UNIÃO ESTÁVEL POR PROCURAÇÃO

Nada obsta a constituição formal de uma união estável com duas procurações.

Elas se prestam juridicamente apenas para a formalização da entidade e não são provas convincentes da vigência da convivência. São, tão somente início razoável de prova material.

PENSÃO ALIMENTÍCIA

Basicamente, os conviventes dependentes no âmbito da união estável são os mesmos de um casamento. Não têm diferença, com os mesmos direitos e obrigações.

Nesse sentido, separados os unidos, formalmente ou não, espontaneamente ou obrigado por decisão judicial, se um deles paga ao outro pensão alimentícia é como se união estável continuasse.

Em sendo assim, falecendo esse convivente que desembolsava a mencionada pensão alimentícia, o outro convivente tem direito a pensão por morte.

PRESIDIÁRIO

Se a mantinha ou não, um presidiário pode manter a união estável, máxime quando a Lei das Execuções Penais admite as visitas frequentes e íntimas.

AUXÍLIO-RECLUSÃO

Preenchidos os requisitos legais da pensão por morte e do presidiário, o seu dependente poderá receber o auxílio-reclusão como se a união fosse um casamento.

É consabido que a união estável guarda várias semelhanças com a união religiosa e o casamento civil.

Mas, há discrepâncias. Começa com o título. Poderia ser união fática; sua estabilidade é característica comum aos três modos de convivência familiar citados.

Ab initio devendo-se indagar por que dela se exige a estabilidade conjugal se no casamento é pressuposta pelo INSS.

Em todo o caso, não há o que se fazer: a expressão união estável está assentada; sepultadas as infelizes expressões "união concubinária", "união fora do casamento", "união ilegítima" ou "união impura".

É estranha a dicção falsa união; ou ela existe ou não existe, mas raramente será falsa.

Como se verá, não há motivos para serem criados novos nomes para situações iguais em sua essência técnica, sociológica e humana.

Assim, crê-se que em vez de viúva de companheiro, companheira viúva e tão somente viúva, a primeira poderia ser consagrada. Claro, viúvo ou viúva de companheiros, mas é possível que tão somente viúva prevaleça.

Historicamente, em vez da vetusta, não verídica e inadequada "concubina" emergiu uma dicção bonita: companheira. Que pode significar quem acompanha ou faz companhia e até mesmo *cum pannis* (com pão). Infelizmente o art. 1727 do Código Civil ainda menciona a palavra "concubinato".

Curiosamente, no passado mulheres desquitadas ou divorciadas eram discriminadas pelas mulheres, só pelas mulheres, é claro. Quando unidas eram designadas pela expressão pejorativa de "amigadas".

Em alguns casos, quando cabível como sinônimo vale o uso do vocábulo "conviventes" ou "parceiros", sendo inadequado civilmente chamá-los de amantes e muito menos, de amásios.

Os termos marido e mulher podem ficar reservados para o casamento, mas acabarão abrindo espaço na união estável. Bem como cônjuges.

Enteado e padrasto serão utilizados sem problemas, bem como agregado, tutelado ou menor sob guarda dos companheiros. Uma forma informal de adotado que vai desaparecendo das famílias.

Em relação aos filhos de um ou do outro companheiro os conviventes podem ser padrastos e madrastas.

Nada vedaria o emprego de “parentes”.

Sem sombra de quaisquer dúvida, a união composta tão somente por dois companheiros, constituem uma família. Em tudo e por tudo, idêntica a deflagrada pelo casamento civil.

Crê-se que os títulos de padrasto e madrasta podem ser utilizados sem qualquer prejuízo para a identificação.

Ministério do Trabalho e Emprego
CARTEIRA DE TRABALHO
E
PREVIDÊNCIA SOCIAL

Tomo II

Introdução geral

O Direito de Família, no que se refere ao presente ensaio, trata das relações afetivas denominadas genericamente por união estável. No entanto, para uma análise real e concreta do Direito de Família em nosso ordenamento jurídico, é necessário que comecemos pelos elementos que o constituem. Assim, a pressuposição prévia e efetiva é a de que se verifique a existência das diferentes formações familiares, e não apenas a da união estável, averiguar as suas origens e em que bases elas se sustentam.

Assim, se começássemos pelo direito de família, teríamos uma representação caótica do todo. Mas se a análise for por meio de uma determinação mais precisa, mediante análise das variadas formações familiares, desde a sua origem e a sua relação com as forças produtivas, chegando a determinações mais simples, tudo leva a uma representação atual do que seja a união estável e o direito que a regula.

Chegados a esse ponto, voltamos a fazer a viagem de modo inverso, até dar de novo com a família, mas desta vez não como uma representação caótica de um todo, porém com uma rica totalidade de determinações e relações diversas, ascender do particular (variadas formações familiares e mediações no seio da sociedade capitalista) ao geral (direito de família).

As relações familiares, ou seja, relações jurídicas, são constituídas a partir das relações de produção engendradas no seio da economia capitalista.

Deste modo, a atual legislação sobre a união estável representa o conceito moral, econômico e social da classe mais forte dentro destas relações jurídicas formadas.

Na produção social da própria vida, os homens contraem relações determinadas, necessárias e independentes de sua vontade, relações de produção, estas que correspondem a uma etapa determinada de desenvolvimento das suas forças produtivas materiais.

A totalidade dessas relações de produção forma a estrutura econômica da sociedade, a base real sobre a qual se levanta uma superestrutura jurídica e política, e à qual correspondem formas sociais determinadas de consciência.

O modo de produção da vida material condiciona o processo em geral de vida social, político e espiritual.

Segundo Marx, não é a consciência dos homens que determina o seu ser, ao contrário, é o seu ser social que determina sua consciência.

Só a partir da inserção da mulher como elemento ativo no sistema produtivo, ela poderá obter, pela sua independência financeira, a liberdade de escolha da modalidade de convivência familiar que mais lhe aprouver.

Pois a realidade histórica é criada por nós.

É necessária uma compreensão mais acurada do dinamismo das transformações sociais, especialmente às relações efetivas engendradas em nossa sociedade.

Diderot alertava: "sou o que sou, porque foi preciso que eu me tornasse assim. Se mudarem o todo, necessariamente eu também serei modificado. O todo está sempre mudando". No entanto, o conservadorismo das instituições cria mecanismos que dificultam a livre manifestação. Neste sentido, ainda Diderot, recomendava: "examinem todas as instituições políticas, civis e religiosas; ou muito me engano ou vocês verão nelas o gênero humano subjugado, a cada século mais submetido ao jugo de um punhado de meliantes". E finalizava: "desconfiem de quem quer impor a ordem".

As diversas formas de relacionamento afetivo, com as novas modalidades de família, estão em constante evolução. Sem se verificar qual o "recheio" do que seja o conceito da família, de quais elementos na vida real a constituem, teremos sempre uma visão truncada e estereotipada, uma visão parcial das reais transformações operadas em nossa sociedade.

Não se pode ficar submetido ao conceito tradicional e conservador, atualmente em vigor, no nosso Direito de Família. Precisa-se acompanhar a marcha inexorável da história.

Sob esta ótica, a modificação do conceito de família só se realiza, de fato, após um acúmulo de mudanças nas partes que o compõem. E que já ocorrem.

Ao longo dos últimos tempos, num ritmo bem mais lento que o do regime jurídico-político, a nossa formação socioeconômica está se modificando.

O presente Tomo é uma crítica ao Direito de Família, especificamente quanto ao tratamento dispensado à união estável na Constituição Federal e no Código Civil. É um esforço metodológico para iniciar um novo caminho de análise da legislação familiar, atenta à realidade social que se manifesta nas várias modalidades constitutivas de família e que o ordenamento jurídico teima em ignorar.

Análise esta que busca apreender a origem das normas jurídicas em uma sociedade capitalista e reforçar o papel da emancipação humana.

Pois a escolha da convivência matrimonial e dos seus efeitos patrimoniais cabe exclusivamente às pessoas nela envolvidas, na luta pelos seus direitos e independentemente de qualquer pré-requisito, livres da opressão do Estado e da sociedade. Não se deve esquecer que as ideias de igualdade e liberdade como direitos civis dos cidadãos não depende de sua regulamentação jurídica formal. Elas existem por si só.

Os direitos universais do homem e do cidadão são declarados nas mais variadas instâncias. No entanto, a estrutura da sociedade não permite que tais direitos sejam verdadeiramente usufruídos por grande parte da população.

O formalismo jurídico, reflexo de uma moralidade oriunda dos tempos coloniais, atua como um instrumento ideológico de uma sociedade pretensamente democrática.

Assim, não resta alternativa: os cidadãos como sujeitos de direito têm o dever de por ele lutar.

A união estável é "tolerada" pelo nosso ordenamento jurídico. Insiste que deve ser transformada em casamento.

A opção pela união estável, com a atribuição conceitual de se referir a qualquer forma de convivência familiar que não seja o casamento, é um direito que deve ser instituído pelo seu caráter de universalidade.

O atendimento às reivindicações da união estável não é conflitante, pois não prejudica necessidade, carência ou interesse de qualquer outro grupo social ou indivíduo. Fica evidente, portanto, que esta tutela da união estável é uma questão puramente ideológica, moral e política.

A mera declaração do direito à igualdade não faz existir os iguais, *vide* art. 5º da Constituição Federal, mas possibilita que sejam criadas, pelos sujeitos de direito, variadas formas de reivindicação e de pressão social de modo que este direito se torne efetivamente real e não apenas formal.

O Poder Judiciário atua como superego da parte dominante da sociedade burguesa. A função da moralidade pública exerce-se, pelo positivismo jurídico, por meio da interpretação "conforme a lei" das normas do Direito de Família, como se fosse uma instância da consciência daquela sociedade que impõe seus valores "morais e éticos" aos demais. Atua na superfície e não busca a essência das normas.

O plano esboçado para este Tomo II, dividido em três partes, leva em conta a superação dialética que ocorre durante este processo de organização da família, dos seus fatos constitutivos, da elaboração das leis, dos seus objetivos, e de sua aplicação e interpretação. Pois é um processo dinâmico e contínuo de mudanças, de novos desafios, de novas sínteses que vão sendo elaboradas ao longo da história.

A natureza destas considerações ajuda a traçar um panorama da família no Brasil, que serve de pano de fundo para a compreensão do instituto da união estável e de sua aplicação nos dias de hoje.

Coerente com este plano de uma visão materialista da história, três abordagens são feitas em perspectivas diferentes, mas perfeitamente entrelaçadas entre si.

PARTE I — PERSPECTIVA HISTÓRICA

É uma análise histórica e materialista da formação da família. Fornece os elementos fundamentais para sua compreensão e as diversas formas que adotou ao longo da história, em um processo de superação dialética que chega aos nossos dias.

PARTE II — PERSPECTIVA JURÍDICA

Analisa a união estável no nosso ordenamento jurídico. Tem o caráter prático de compilar todas as referências normativas, além de conter algumas decisões judiciais que contribuem para esta análise. É realizado um confronto entre a visão idealista e materialista do direito.

PARTE III — PERSPECTIVA FUTURA

Esta terceira parte é uma síntese das anteriores. Vislumbra como seria a família do futuro, desta dita "união estável" que possa abranger todas as possíveis formações familiares, partindo-se da ideia de que seja constituída pela emancipação humana dos cidadãos e não por uma mera concessão legislativa, de uma simples emancipação jurídica.

Concluindo esta introdução, tem-se que o objetivo deste trabalho é despertar o Direito de Família do "sono dogmático". Uma crítica à teoria e às práticas jurídicas, especialmente da hermenêutica. É forçá-lo a indagar sobre sua própria validade e sua pretensão ao conhecimento verdadeiro da realidade social.

PARTE I
PERSPECTIVA HISTÓRIA

1. ORIGEM DA FAMÍLIA, DA PROPRIEDADE PRIVADA E DO ESTADO

O título deste tópico refere-se à obra de Friedrich Engels e será a base conceitual que será adotada neste Tomo II ao que se refere à família, à propriedade e ao Estado. Com interesse particular na origem da família e do Estado como norteadores da análise da união estável em nosso ordenamento jurídico.

Engels se baseia nos estudos do antropólogo norte-americano Lewis H. Morgan, a partir do seu livro *A sociedade antiga*. Parte do pressuposto de que "a ordem social em que vivem os homens de determinada época ou determinado país está condicionada por duas espécies de produção: pelo grau de desenvolvimento do trabalho, de um lado, e da família, de outro".

O princípio materialista contido na obra de Morgan, segundo Engels, é o que fundamenta a compreensão de que as fases de desenvolvimento humano acompanham os progressos obtidos na produção dos meios de existência, ou seja, as épocas de progresso no desenvolvimento da humanidade coincidem com a ampliação das fontes de existência.

ESTÁGIOS PRÉ-HISTÓRICOS DE CULTURA

A pré-história da humanidade divide-se em três épocas principais — estado selvagem, barbárie e civilização e são subdivididas em fases, de acordo com os progressos obtidos na produção dos meios de existência.

1 — Estado selvagem

Período em que predomina a apropriação de produtos da natureza, prontos para ser utilizados; as produções artificiais do homem são, sobretudo, destinadas a facilitar essa apropriação.

É subdividido em três fases, a seguir:

I — Fase Inferior.

As frutas e raízes constituíam a base alimentar e viviam, pelo menos parcialmente, nas árvores; só isso explica que continuassem a existir, em meio às grandes feras selvagens.

O principal progresso desse período é a formação da linguagem articulada.

II — Fase Média.

Começa com o emprego dos peixes na alimentação e com o uso do fogo.

Com esta nova alimentação, porém, os homens fizeram-se independentes do clima e da localidade e puderam, ainda no estado selvagem, espalhar-se sobre a maior parte da superfície da Terra.

III — Fase Superior.

Começa com a invenção do arco e da flecha, graças aos quais os animais caçados vêm a ser um alimento regular e a caça uma das ocupações normais e costumeiras.

São encontrados alguns indícios de residência fixa em aldeias e certa habilidade na produção de meios de subsistência, vasos e utensílios de madeira.

O arco e a flecha foram, para a época selvagem, o que a espada de ferro foi para a barbárie e a arma de fogo para a civilização: a arma decisiva.

2 — A barbárie.

Período em que aparecem a criação de gado e a agricultura, e se aprende a incrementar a produção da natureza por meio do trabalho humano.

I — Fase Inferior.

Inicia-se com a introdução da cerâmica.

O traço característico do período da barbárie é a domesticação e a criação de animais e o cultivo de plantas. A América só tinha um mamífero domesticável, a lhama, e, mesmo assim, apenas numa parte do sul — e um só dos cereais cultiváveis, mas o melhor, o milho.

A formação de rebanhos levou, nos lugares adequados, à vida pastoril; os semitas, nas pradarias do Tibre e do Eufrates; os arianos, nos campos da Índia, de Oxus e Jaxartes, do Don e do Dnieper. Talvez a evolução superior dos arianos e dos semitas se deva à abundância de carne e leite em sua alimentação e, particularmente, pela benéfica influência desses alimentos no desenvolvimento das crianças.

Com efeito, os índios "pueblos" do Novo México, que se veem reduzidos a uma alimentação quase exclusivamente vegetal, têm o cérebro menor que o dos índios da fase inferior da barbárie, que comem mais carne e mais peixe.

II — Fase Superior.

Inicia-se com a fundição do minério de ferro, e passa à fase da civilização com a invenção da escrita alfabética e seu emprego para registros literários.

A ela pertencem os gregos da época heroica, as tribos ítalas de pouco antes da fundação de Roma, os germanos de Tácito, os normandos do tempo dos vikings.

Antes de tudo, encontra-se aqui, pela primeira vez, o arado de ferro, puxado por animais, o que torna possível lavrar a terra em grande escala — a agricultura — e produz, dentro das condições então existentes, um aumento quase ilimitado dos meios de existência.

3 — Civilização

Período em que o homem continua aprendendo a elaborar os produtos naturais, período da indústria propriamente dita e da arte.

A FAMÍLIA

> "A família", diz Morgan, "é o elemento ativo; nunca permanece estacionada, mas passa de uma forma inferior a uma forma superior, à medida em que a sociedade evolui de um grau mais baixo para outro mais elevado".

O estudo da história primitiva revela um estado de coisas em que os homens praticam a poligamia e suas mulheres a poliandria, e em que, por consequência, os filhos de uns e outros tinham que ser considerados comuns. É esse estado de coisas, por seu lado, que, passando por uma série de transformações, resulta na monogamia.

Reconstituindo retrospectivamente a história da família, Morgan chega à conclusão de que existiu uma época primitiva em que imperava, no seio da tribo, o comércio sexual promíscuo, de modo que cada mulher pertencia igualmente a todos os homens e cada homem a todas as mulheres.

Bachofen, continuando as pesquisas, confirma os vestígios deste matrimônio por grupos.

O matrimônio por grupos, a forma de casamento em que grupos inteiros de homens e grupos inteiros de mulheres pertencem-se mutuamente, deixando bem pouca margem para os ciúmes.

Com a invenção do incesto, o comércio sexual entre pais e a família consanguínea desaparecem.

1 — A Família Punaluana.

Se o primeiro progresso na organização da família consistiu em excluir os pais e filhos das relações sexuais recíprocas, o segundo foi a exclusão dos irmãos. Segundo Morgan, esse progresso constitui "uma magnífica ilustração de como atua o princípio da seleção natural".

Da família consanguínea saiu, dessa ou de outra maneira análoga, a forma de família à qual Morgan dá o nome de família punaluana.

Uma série de irmãos uterinos, ou mais afastados, tinha em casamento comum certo número de mulheres, com exclusão de suas próprias irmãs, e essas mulheres chamavam-se entre si "punalua".

Na imensa maioria dos casos, a instituição da gens parece ter saído diretamente da família punaluana.

Em todas as formas de família por grupos, não se pode saber com certeza quem é o pai de uma criança, mas sabe-se quem é a mãe.

2 — A Família Sindiásmica.

No regime de matrimônio por grupos, ou talvez antes, já se formavam uniões por pares, de duração mais ou menos longa; o homem tinha uma mulher principal, entre suas numerosas esposas, e era para ela o esposo principal entre todos os outros.

À medida, porém, que evoluíam as gens e ia-se fazendo mais numerosas as classes de "irmãos" e "irmãs", entre os quais agora era impossível o casamento, a união conjugal por pares, baseada no costume, foi-se consolidando. O impulso dado pela gens à proibição do matrimônio entre parentes consanguíneos levou as coisas ainda mais longe.

Com esta crescente complicação das proibições de casamento, tornaram-se cada vez mais impossíveis as uniões por grupos, que foram substituídas pela família sindiásmica.

Neste estágio, um homem vive com uma mulher, mas de maneira tal que a poligamia e a infidelidade ocasional continuam a ser um direito dos homens, embora a poligamia seja raramente observada, por causas econômicas; ao mesmo tempo, exige-se a mais rigorosa fidelidade das mulheres, enquanto dure a vida em comum, sendo o adultério destas cruelmente castigado.

O matrimônio é dissolúvel à vontade de cada um dos cônjuges. Em numerosas tribos, contudo, como, por exemplo, entre os iroqueses, formou-se, pouco a pouco, uma opinião pública hostil a essas separações; em caso de disputas entre os cônjuges, intervinham os parentes gentílicos de cada parte e só se esta mediação não surtisse efeito é que se levava a cabo o rompimento, permanecendo o filho com a mulher e ficando cada uma das partes livre para casar novamente.

Como se constata, a mediação não é apenas um instituto dos tempos atuais e já era bem utilizado naquela época.

Só depois de efetuada pela mulher a passagem ao casamento sindiásmico, é que foi possível aos homens introduzirem a estrita monogamia — na verdade, somente para as mulheres.

É a forma de família característica da barbárie, como o matrimônio por grupos é a do estado selvagem e a monogamia é a da civilização.

De acordo com a divisão do trabalho na família de então, cabia ao homem procurar a alimentação e os instrumentos de trabalho necessários para isso; consequentemente, era, por direito, o proprietário dos referidos instrumentos, e em caso de separação levava-os consigo, da mesma forma que a mulher conservava os seus utensílios domésticos. Assim, segundo os costumes daquela sociedade, o homem era igualmente proprietário do novo manancial de alimentação, o gado, e, mais adiante, do novo instrumento de trabalho, o escravo.

Assim, foram abolidos a filiação feminina e o direito hereditário materno, sendo substituídos pela filiação masculina e o direito hereditário paterno.

Resultou daí uma grande confusão, que só podia ser remediada com a passagem ao patriarcado. Acontece o desmoronamento do direito materno, a grande derrota histórica do sexo feminino em todo o mundo.

O homem apoderou-se também da direção da casa; a mulher viu-se degradada, convertida em servidora, em escrava da luxúria do homem, em simples instrumento de reprodução. Essa baixa condição da mulher, manifestada, sobretudo entre os gregos dos tempos heroicos e, ainda mais, entre os dos tempos clássicos, tem sido gradualmente retocada, dissimulada e, em certos lugares, até revestida de formas de maior suavidade, mas de maneira alguma suprimida. Situação que permanece até hoje.

Os traços essenciais são a incorporação dos escravos e o domínio paterno; por isso a família romana é o tipo perfeito dessa forma de família.

Em sua origem, a palavra família não significa o ideal. A princípio, entre os romanos, não se aplicava sequer ao par de cônjuges e aos seus filhos, mas somente aos escravos. Famulus quer dizer escravo doméstico e família é o conjunto dos escravos pertencentes a um mesmo homem.

Neste sentido, Marx acrescenta:

> "A família moderna contém, em germe, não apenas a escravidão (*servitus*), pois, desde o começo, está relacionada com os serviços

da agricultura. Encerra, em miniatura, todos os antagonismos que se desenvolvem, mais adiante, na sociedade e em seu Estado."

Esta forma de família assinala a passagem do matrimônio sindiásmico à monogamia. Para assegurar a fidelidade da mulher e, por conseguinte, a paternidade dos filhos, aquela é entregue, sem reservas, ao poder do homem: quando este a mata, não faz mais do que exercer o seu direito.

3 — A Família Monogâmica.

Nasce, conforme visto, da família sindiásmica, no período de transição entre a fase média e a fase superior da barbárie; seu triunfo definitivo é um dos sintomas da civilização nascente.

Baseia-se no predomínio do homem; sua finalidade expressa é a de procriar filhos cuja paternidade seja indiscutível; e exige-se essa paternidade indiscutível porque os filhos, na qualidade de herdeiros diretos, entrarão, um dia, na posse dos gens de seu pai.

A família monogâmica diferencia-se do matrimônio sindiásmico por uma solidez muito maior dos laços conjugais, que já não podem ser rompidos por vontade de qualquer das partes. Agora, como regra, só o homem pode rompê-los e repudiar sua mulher.

De modo algum foi fruto do amor sexual individual, com o qual nada tinha em comum, já que os casamentos, antes como agora, permaneceram casamentos de conveniência. Foi a primeira forma de família que não se baseava em condições naturais, mas econômicas, e concretamente no triunfo da propriedade privada sobre a propriedade comum primitiva, originada espontaneamente.

Os gregos proclamavam abertamente que os únicos objetivos da monogamia eram a preponderância do homem na família e a procriação de filhos que só pudessem ser seus para herdar dele.

Engels afirma que: "a primeira divisão do trabalho é a que se fez entre o homem e a mulher para a procriação dos filhos" e o "o primeiro antagonismo de classes que apareceu na história coincide com o desenvolvimento do antagonismo entre o homem e a mulher, na monogamia".

A monogamia foi um grande progresso histórico, mas, ao mesmo tempo, iniciou, juntamente com a escravidão e as riquezas privadas, aquele período que dura até nossos dias. É a forma celular da sociedade civilizada, na qual já podemos estudar a natureza das contradições e dos antagonismos que atingem seu pleno desenvolvimento nessa sociedade.

A família individual moderna baseia-se na escravidão doméstica, franca ou dissimulada, da mulher, e a sociedade moderna é uma massa cujas moléculas são as famílias individuais.

Então é que se há de ver que a libertação da mulher exige, como primeira condição, a reincorporação de todo o sexo feminino à indústria social, o que, por sua vez, requer a supressão da família individual enquanto unidade econômica da sociedade.

Ao transformar todas as coisas em mercadorias, a produção capitalista destruiu todas as antigas relações tradicionais e substituiu os costumes herdados e os direitos históricos pela compra e venda, pelo "livre" contrato.

Mas, para firmar contratos, é necessário que haja pessoas que possam dispor livremente de si mesmas, de suas ações e de seus gens, e que se defrontem em igualdade de condições. Criar essas pessoas "livres" e "iguais" foi exatamente uma das principais tarefas da produção capitalista. E isto só é possível pela emancipação humana e não pela concessão do Estado.

O matrimônio continuou sendo um matrimônio de classe, mas no seio da classe concedeu-se aos interessados certa liberdade de escolha.

O matrimônio, pois, só se realizará com toda a liberdade quando, suprimidas a produção capitalista e as condições de propriedade criadas por ela, forem removidas todas as considerações econômicas que ainda exercem uma influência tão poderosa na escolha dos esposos. Então, o matrimônio já não terá outra causa determinante que não a inclinação recíproca.

Mas o que, sem sombra de dúvida, vai desaparecer da monogamia é o conjunto dos caracteres que lhe foram impressos pelas relações de propriedade a que deve sua origem. Esses caracteres são, em primeiro lugar, a preponderância do homem e, depois, a indissolubilidade do matrimônio. A preponderância do homem no matrimônio é consequência evidente de sua preponderância econômica e desaparecerá por si mesma com esta última.

A indissolubilidade do matrimônio é consequência, em parte, das condições econômicas que engendraram a monogamia e, em parte, uma tradição da época em que, mal compreendida ainda, a vinculação dessas condições econômicas com a monogamia foi exagerada pela religião. Atualmente, existem fendas por todos os lados. Se o matrimônio baseado no amor é o único moral, só pode ser moral o matrimônio onde o amor persiste. Mas a duração do acesso de amor sexual é muito variável, segundo os indivíduos, particularmente entre os homens; em virtude disso, quando o afeto desaparece ou é substituído por um novo amor apaixonado, o divórcio será um benefício, tanto para ambas as partes como para a sociedade. Apenas deverá poupar-se ao casal o ter que passar pelo lodaçal inútil de um processo de divórcio.

Assim, pois, o que se pode conjecturar hoje acerca da regularização das relações sexuais após a iminente supressão da produção capitalista é, no fundamental, de ordem negativa, e fica limitado principalmente ao que deve desaparecer.

Mas o que sobreviverá? Isso se verá quando uma nova geração tenha crescido: uma geração de homens que nunca se tenha encontrado em situação de comprar, à custa de dinheiro, nem com a ajuda de qualquer outra força social, a conquista de uma mulher; e uma geração de mulheres que nunca se tenha visto em situação de se entregar a um homem em virtude de outras considerações que não as de um amor real, nem de se recusar a seus amados com receio das consequências econômicas que isso lhes pudesse trazer. E, quando essas gerações aparecerem, não darão um vintém por tudo que nós hoje pensamos que elas deveriam fazer. Estabelecerão suas próprias normas de conduta e, em consonância, com elas criarão uma opinião pública para julgar a conduta de cada um. E ponto final.

E é justamente este o cerne da questão que polariza a discussão atual sobre o Direito de Família e justifica a crítica que lhe é feita neste ensaio.

Segundo Marx: "se se reconhece o fato de que a família tenha atravessado sucessivamente quatro formas e se encontra atualmente na quinta forma, coloca-se a questão de saber se esta forma pode ser duradoura no futuro. A única coisa que se pode responder é que a família deve progredir na medida em que progrida a sociedade, que deve modificar-se na medida em que a sociedade se modifique; como sucedeu até agora. A família é produto do sistema social e refletirá o estado de cultura desse sistema. Tendo a família monogâmica melhorado a partir dos começos da civilização e, de uma maneira muito notável, nos tempos modernos, é lícito pelo menos supor que seja capaz de continuar seu aperfeiçoamento até que chegue à igualdade entre os dois sexos. Se, num futuro remoto, a família monogâmica não mais atender às exigências sociais, é impossível predizer a natureza da família que a suceder".

A GENS IROQUESA

Agora, outro descobrimento de Morgan, pelo menos tão importante quanto a reconstituição da forma primitiva da família por meio dos sistemas de parentesco.

A demonstração de que os grupos de consanguíneos, designados por nomes de animais no seio de uma tribo de índios americanos, são essencialmente idênticos às genes dos gregos e às gentes dos romanos.

Na família punaluana foi visto o que é a gens em sua forma primitiva. Compõe-se de todas as pessoas que, pelo matrimônio punaluano, e de acordo com as concepções que nele necessariamente dominam, formam a descendência reconhecida de uma determinada antepassada, fundadora da gens.

Sendo incerta a paternidade nessa forma de família, é válida apenas a filiação feminina.

Na época do descobrimento, os índios de toda a América do Norte estavam organizados em gens, de acordo com o direito materno. Só em algumas tribos, como entre os dakotas, a gens havia desaparecido e, em outras, como entre os ojibwas e os omahas, estava organizada de acordo com o direito paterno.

Não pode haver pobres nem necessitados: a família comunista e a gens têm consciência das suas obrigações para com os anciãos, os enfermos e os inválidos de guerra. Todos são iguais e livres, inclusive as mulheres. Ainda não há lugar para escravos e, como regra geral, não se subjugam tribos estrangeiras.

Tal era o aspecto dos homens e da sociedade humana, antes que se operasse a divisão em classes sociais. E, se comparada a situação deles com a da imensa maioria dos homens civilizados de hoje, verifica-se que é enorme a diferença de condição entre o antigo e livre membro da gens — e o proletário ou o camponês de nossos dias.

Não esquecer, todavia, que essa organização estava fadada a perecer. Não foi além da tribo; a confederação de tribos já indica o princípio da sua decadência.

Afirma Engels: "desfez-se, contudo, por influências que desde o início nos aparecem como uma degradação, uma queda da singela grandeza moral da velha sociedade gentílica. Os interesses mais vis — a baixa cobiça, a brutal avidez de prazeres, a sórdida avareza, o roubo egoísta da propriedade comum — inauguram a nova sociedade civilizada, a sociedade de classe; os meios mais ultrajantes minam e perdem a velha sociedade sem classes das Gens: o furto, a violência, a perfídia e a traição. E a nova sociedade, através desses dois mil e quinhentos anos de sua existência, não tem sido senão o desenvolvimento de uma pequena minoria às expensas de uma grande maioria explorada e oprimida; e continua a sê-lo, hoje mais do que nunca".

A GENS GREGA

Nos tempos pré-históricos, já os gregos, como os pelasgos e outros povos da mesma origem tribal, estavam constituídos em séries orgânicas idênticas à dos americanos: gens, fratria, tribo, confederação de tribos.

O direito materno cedeu ao direito paterno o seu posto e, por isso, a riqueza privada que surgia abriu a primeira brecha na constituição gentílica.

Outra brecha adveio como consequência natural da primeira: ao introduzir-se o direito paterno, a fortuna de uma rica herdeira que se casa passa ao marido dela, quer dizer, a outra gens, com o que se destrói todo o fundamento do direito gentílico; dessa forma, não apenas se terá por lícito, mas ainda por obrigatório, nesse caso, o casamento da jovem núbil no seio da sua gens, para evitar a saída das riquezas.

O Estado tampouco reconhece a família do direito público; até aqui ela só existe no direito privado. E, no entanto, todos os trabalhos históricos escritos partem da suposição de que a família monogâmica, pouco mais antiga que a civilização, é o núcleo ao redor do qual se foram cristalizando gradualmente a sociedade e o Estado.

Na constituição grega da época heroica, a antiga organização gentílica tem o começo da sua decadência: o direito paterno, com herança dos haveres pelos filhos, facilitando a acumulação das riquezas na família e tornando esta um poder contrário à gens.

Resumindo: a riqueza passa a ser valorizada e respeitada como bem supremo e as antigas instituições da gens são pervertidas para justificar-se a aquisição de riquezas pelo roubo e pela violência.

Pondera Engels que faltava apenas uma coisa: "a instituição que não só assegurasse as novas riquezas individuais contra as tradições comunistas da constituição gentílica, que não só consagrasse a propriedade privada, antes tão pouco estimada, e fizesse dessa consagração santificadora o objetivo mais elevado da comunidade humana, mas também imprimisse o selo geral do reconhecimento da sociedade às novas formas de aquisição da propriedade, que se desenvolviam umas sobre as outras — a acumulação, portanto, cada vez mais acelerada, das riquezas —; uma instituição que, em uma palavra, não só perpetuasse a nascente divisão da sociedade em classes, mas também o direito de a classe possuidora explorar a não-possuidora e o domínio da primeira sobre a segunda".

E essa instituição nasceu. Inventou-se o Estado.

GÊNESE DO ESTADO ATENIENSE

Atenas apresenta a forma que pode ser considerada mais pura, mais clássica: ali, o Estado nasceu direta e fundamentalmente dos antagonismos de classes que se desenvolviam no seio mesmo da sociedade gentílica.

Em nenhuma parte melhor do que na antiga Atenas pode se observar como o Estado se desenvolveu, pelo menos na primeira fase da sua evolução.

O camponês podia considerar-se feliz quando este novo proprietário nobre lhe permitia estabelecer-se ali como colono e viver com um sexto do produto do seu trabalho, pagando ao dono os cinco sextos restantes como arrendamento. E mais: quando o produto da venda do lote de terra não bastava para cobrir o montante da dívida hipotecária, e não havia com que cobrir a diferença, o camponês devedor tinha que vender seus filhos nos mercados de escravos estrangeiros para satisfazer por completo o seu credor. A venda dos filhos pelo pai foi, pois, o primeiro fruto do direito paterno e da monogamia. E, se, ainda assim, o credor não se saciasse, podia vender como escravo seu próprio devedor. Essa foi a aurora da formosa civilização do povo ateniense.

Em resumo: a constituição gentílica ia chegando ao fim. A sociedade, crescendo a cada dia, ultrapassava o marco da gens; não podia conter ou suprimir nem mesmo os piores males que iam surgindo à sua vista. Enquanto isso, o Estado se desenvolvia sem ser notado. Os novos grupos, formados pela divisão do trabalho (primeiro entre a cidade e o campo, depois entre os diferentes ramos de trabalho nas cidades), haviam criado novos órgãos para a defesa dos seus interesses, e foram instituídos ofícios públicos de todas as espécies.

Introduzia-se agora, portanto, um elemento novo na constituição: a propriedade privada. Os direitos e os deveres dos cidadãos do Estado eram determinados de acordo com o total de terras que possuíam e, na medida em que ia aumentando a influência das classes abastadas, iam sendo abandonadas as antigas corporações consanguíneas. A constituição gentílica sofria outra derrota.

Coroava este edifício o Estado ateniense, governado por um conselho de quinhentos representantes eleitos pelas dez tribos e, em última instância, pela assembleia do povo, na qual todo cidadão ateniense tinha direito à participação e voto. Em Atenas não havia depositário supremo do poder executivo.

Portanto, um dos traços característicos essenciais do Estado é a existência de uma força pública separada da massa do povo. Atenas não tinha, ainda, senão um exército popular e uma frota equipada diretamente pelo povo, que a protegiam contra os inimigos do exterior e mantinham em obediência os escravos, que já constituíam a maioria da população na época.

A formação do Estado entre os atenienses é um modelo notavelmente característico da formação do Estado em geral, pois, por um lado, se realiza sem que intervenham violências, externas ou internas, enquanto faz brotar diretamente da sociedade gentílica uma forma bastante aperfeiçoada de Estado, a república democrática, e, por outro lado, ainda, porque estamos bem informados de suas particularidades mais essenciais.

A GENS E O ESTADO EM ROMA

Em Roma, a sociedade gentílica se converteu numa aristocracia fechada, em meio a uma plebe numerosa e mantida à parte, sem direitos, mas com deveres; a vitória da plebe destruiu a antiga constituição da gens, e sobre os escombros instituiu o Estado, onde não tardaram a se confundir a aristocracia gentílica e a plebe.

Segundo a lenda da fundação de Roma, a primeira fixação no local foi a de certo número de gens latinas (cem, diz a lenda), reunidas em uma tribo. Logo se uniu a esta uma tribo sabina, de cem gens, ao que também se diz, e por último, uma tribo composta de elementos diversos, igualmente de cem gens.

É fato reconhecido o de que a gens romana era uma instituição idêntica à gens grega; e, se a gens grega era uma forma desenvolvida da unidade social cuja forma primitiva pôde ser observada entre os peles-vermelhas americanos, o mesmo pode ser dito da gens romana. Pelo menos nos primeiros tempos da cidade, a gens romana tinha a seguinte constituição:

No momento em que cede parte de seus gens e permite à mulher que venha a levá-los, por ou em consequência de um casamento ulterior, a uma gens estranha, o marido ainda é o dono dos gens, e não está fazendo mais do que dispor, literalmente, de uma propriedade sua. No que tange à mulher mesma e à sua situação relativamente à gens do marido, foi ele quem a introduziu nesta, e por um ato de sua livre vontade: o matrimônio. Parece, pois, igualmente natural que seja ele a pessoa própria para autorizá-la a sair dessa gens por meio de novas núpcias. A coisa parece simples e compreensível, desde que se abandone ideia extravagante da endogamia da gens romana e a considere originariamente exógama, como fazia Morgan.

Desse modo, ninguém podia pertencer ao povo romano se não fosse membro de uma gens e, consequentemente, de uma cúria e de uma tribo. A primeira constituição desse povo foi como se segue. A gestão dos negócios públicos era da competência do Senado, composto dos chefes das trezentas gens, conforme Niebbur foi o primeiro a compreender; por serem dos mais velhos em suas gens, estes chefes chamavam-se patres, pais; o conjunto deles ficou sendo o Senado (de senex, velho — conselho dos anciãos).

Assim se destruiu, em Roma, antes da supressão do cargo de rex, a antiga ordem social fundamentada nos vínculos de sangue. Uma nova constituição a substituiu, uma autêntica constituição de Estado, baseada na divisão territorial e nas diferenças de riquezas. A força pública, aqui, era formada pelo conjunto dos cidadãos sujeitos ao serviço militar — e não só se opunha aos escravos como, também, se opunha à classe dita proletária, excluída do serviço militar e impedida de usar armas

A GENS ENTRE OS CELTAS E ENTRE OS GERMANOS

Mas o que os documentos gauleses e irlandeses provam, e de uma maneira direta, é que no século XI o matrimônio sindiásmico ainda não tinha sido de todo substituído pela monogamia entre os celtas. No País de Gales, o matrimônio não se consolidava, ou melhor, não se tornava indissolúvel senão ao cabo de sete anos de convivência. Mesmo que faltassem apenas três noites para completar estes sete anos os esposos podiam separar-se. Nesse caso, repartiam-se os gens: a mulher fazia a divisão e o homem escolhia em primeiro lugar. Os móveis eram repartidos de acordo com regras engraçadíssimas: se era o homem quem rompia, tinha que devolver à mulher o dote dela, alguma coisa mais; se era a mulher, ela recebia menos. Dos filhos, dois ficavam com o homem e um ficava com a mulher (o filho do meio). Se a mulher casasse de novo e o primeiro marido se dispusesse a buscá-la de volta, e o segundo matrimônio ainda não se houvesse consumado, a mulher estava obrigada a voltar ao lar anterior, ainda que tivesse um pé no novo leito conjugal. Mas, se duas pessoas vivessem juntas durante sete anos, tornavam-se automaticamente marido e mulher, independentemente de formalidades matrimoniais. Não se exigia rigorosamente, e nem era observada, a castidade das jovens antes do casamento; as regras concernentes a este assunto eram de natureza demasiado frívola e contrariam as da moral burguesa. Quando uma mulher cometia adultério, o marido tinha direito de espancá-la (este era um dos três casos em que era lícito fazê-lo; nos demais, incorrla em uma pena), mas não podia exigir qualquer outra desforra porque "para uma mesma ofensa, pode haver castigo ou vingança, mas nunca as duas coisas juntas". Os motivos pelos quais a mulher podia divorciar-se sem prejuízo dos seus direitos eram muitos e diversos: bastava que o marido tivesse mau hálito.

O resgate pelo direito da primeira noite, pago ao chefe da tribo, ou rei, representava um grande papel no Código.

As mulheres tinham direito a votar nas assembleias populares. Na Irlanda, acresce dizer, existiam condições análogas; eram comuns, igualmente, os matrimônios temporários, e em caso de separação, garantiam-se à mulher privilégios bem definidos, e até mesmo uma remuneração por seus serviços domésticos; ali se encontrava uma "primeira esposa", ao lado das outras; na divisão das heranças não eram feitas quaisquer distinções entre filhos legítimos e ilegítimos. Temos, assim, a imagem de um matrimônio sindiásmico, comparado com o qual o sistema de casamento vigente entre os índios norte-americanos parece severo.

Outro resquício do matriarcado agonizante era o respeito, quase incompreensível para os romanos, que os germanos devotavam ao sexo feminino. As donzelas jovens das famílias nobres eram tidas como os reféns mais seguros nos tratos com os germanos. A ideia de que suas mulheres e suas filhas pudessem permanecer cativas ou ser transformadas em escravas lhes era verdadeiramente terrível, e era aquilo que mais açulava a sua coragem nas batalhas. Consideravam a mulher como sagrada e com dons proféticos, e prestavam atenção aos conselhos delas, inclusive nos assuntos mais importantes.

Tal foi a constituição mais perfeita que a gens pôde produzir; era a organização típica da fase superior da barbárie. Na ocasião em que a sociedade ultrapassou os limites para os quais essa constituição era eficaz e suficiente, o regime gentílico se acabou. E, destruindo-se este, o Estado ocupou seu lugar.

A FORMAÇÃO DO ESTADO ENTRE OS GERMANOS

Entre os germanos, por fim, vencedores do império romano, o Estado surgiu em função direta da conquista de vastos territórios estrangeiros que o regime gentílico era impotente para dominar. Como, porém, a essa conquista não correspondia uma luta séria com a antiga população, nem uma divisão de trabalho mais avançada; como o grau de desenvolvimento econômico de vencidos e vencedores eram quase o mesmo — e, por conseguinte persistia a antiga base econômica da sociedade — a gens pôde manter-se ainda por muitos séculos, sob uma forma modificada, territorial, na constituição da marca, e até rejuvenescer durante certo tempo, sob uma forma atenuada, nas famílias nobres e patrícias dos anos posteriores, e mesmo em famílias camponesas.

De acordo com Tácito, os germanos eram um povo bastante numeroso.

Desde que fixou residência definitiva na Germânia, a população cresceu cada vez mais rapidamente.

Os objetos descobertos nos pântanos da Silésia são do século III, a julgar pelas moedas romanas utilizadas nos mesmos. Naquele tempo, portanto, já existiam nas margens do Báltico uma indústria metalúrgica e uma indústria têxtil desenvolvidas, já se comerciava ativamente com o império romano e já existia entre os ricos um certo luxo, tudo isso indicando maior densidade de população.

Tinha passado o tempo da antiga escravidão. Nem no campo, na agricultura em grande escala, nem nas manufaturas urbanas, ela dava qualquer proveito que valesse a pena; tinha desaparecido o mercado para os seus produtos.

Por terem livrado os romanos de seu próprio Estado, os germanos lhes tomaram dois terços das terras e as repartiram entre si. A partilha se realizou conforme a ordem estabelecida na gens; e, como os conquistadores eram relativamente poucos, ficaram indivisas enormes extensões, parte delas como propriedade de todo o povo e parte como propriedade das diferentes tribos e gens. Dentro de cada gens, os campos agricultáveis foram divididos em partes iguais e distribuídos, por sorteio, entre as casas (lares). Não sabemos se depois foram feitas novas partilhas; de qualquer forma, esse costume logo se perdeu nas províncias romanas, transformando-se as parcelas distribuídas em propriedade privada alienável, alodial (alod). Os bosques e os pastos não foram divididos, ficaram para uso coletivo; tal medida e o modo de cultivar a terra repartida eram regulados pelo antigo costume e de acordo com a vontade de toda a coletividade. Quanto mais tempo a gens ficava estabelecida em seu campo, mais se confundiam germanos e romanos, e mais o caráter familiar da associação cedia lugar ao caráter territorial. A gens desapareceu na marca — mas nesta, no entanto, são frequentemente encontrados vestígios do parentesco original de seus membros. Dessa forma, a organização gentílica foi insensivelmente se transformando em organização territorial, e assim ficou em condições de se adaptar ao Estado, pelo menos nos países onde se manteve a marca (ao norte da França, na Inglaterra, Alemanha e Escandinávia). Apesar de tudo, persistiu o caráter democrático original das organizações gentílicas, e com ele uma arma na mão dos oprimidos, a qual atravessou, inclusive, o período da degeneração forçada da gens, e chegou até os tempos modernos.

Em virtude de suas vastas dimensões, o novo Estado não podia ser governado por processos da antiga constituição gentílica. O conselho dos chefes, quando já não tinha sido suprimido há muito, não podia reunir-se em assembleia, e logo se viu substituído pelos que rodeavam assiduamente o rei.

Transformaram-se a forma antiga da monogamia, suavizaram a autoridade do homem na família e deram à mulher uma situação mais elevada do que a que ela conhecera no mundo clássico — o que foi que os tornaram capazes de fazê-lo, senão sua condição de bárbaros, seus hábitos gentílicos, e a herança ainda viva dos tempos do direito materno?

BARBÁRIE E CIVILIZAÇÃO

Foi acompanhado o processo de dissolução da gens nos três grandes exemplos particulares dos gregos, romanos e germanos.

O desenvolvimento de todos os ramos da produção, criação de gado, agricultura, ofícios manuais domésticos tornou a força de trabalho do homem capaz de produzir mais do que o necessário para a sua manutenção.

Dadas as condições históricas gerais de então, a primeira grande divisão social do trabalho, ao aumentar a produtividade deste, e, por conseguinte a riqueza, e ao estender o campo da atividade produtora, tinha que trazer consigo — necessariamente — a escravidão.

Da primeira grande divisão social do trabalho, nasceu a primeira grande divisão da sociedade em duas classes: senhores e escravos, exploradores e explorados.

Isso demonstra que a emancipação da mulher e sua equiparação ao homem são e continuarão sendo impossíveis, enquanto ela permanecer excluída do trabalho produtivo social e confinada ao trabalho doméstico, que é um trabalho privado. A emancipação da mulher só se torna possível quando ela pode participar em grande escala, em escala social, da produção, e quando o trabalho doméstico lhe toma apenas um tempo insignificante. Esta condição só pode ser alcançada com a grande indústria moderna, que não apenas permite o trabalho da mulher em grande escala, mas até o exige, e tende cada vez mais a transformar o trabalho doméstico privado em uma indústria pública.

A transição à propriedade privada completa foi-se realizando aos poucos, paralelamente à passagem do matrimônio sindiásmico à monogamia. A família individual principiou a transformar-se na unidade econômica da sociedade.

Chega-se, assim, aos umbrais da civilização, que se inicia por outro progresso na divisão do trabalho.

No período inferior, os homens produziam somente para as suas necessidades diretas; as trocas reduziam-se a casos isolados e tinham por objeto os excedentes obtidos por acaso.

Aproxima-se, com rapidez, de uma fase de desenvolvimento da produção em que a existência dessas classes não apenas deixou de ser uma necessidade, mas até se converteu num obstáculo à produção mesma.

A sociedade, reorganizando de uma forma nova a produção, na base de uma associação livre de produtores iguais, mandará toda a máquina do Estado para o lugar que lhe há de corresponder: o museu de antiguidades, ao lado da roca de fiar e do machado de bronze.

De tudo que foi visto, infere-se, pois, que a civilização é o estágio de desenvolvimento da sociedade em que a divisão do trabalho, a troca entre indivíduos dela resultante, e a produção mercantil — que compreende uma e outra — atingem seu pleno desenvolvimento e ocasionam uma revolução em toda a sociedade anterior.

Estas leis econômicas da produção mercantil modificam-se de acordo com os diversos graus de desenvolvimento dessa forma de produção; mas todo o período da civilização, em geral, está regido por elas.

A escravidão é a primeira forma de exploração, a forma típica da antiguidade; sucedem-na a servidão na Idade Média e o trabalho assalariado nos tempos modernos:

Para concluir, o julgamento da civilização feito por Morgan: "Desde o advento da civilização, chegou a ser tão grande o aumento da riqueza, assumindo formas tão variadas, de aplicação tão extensa, e tão habilmente administrada no interesse dos seus possuidores, que ela, a riqueza, transformou-se numa força incontrolável, oposta ao povo. A inteligência humana vê-se impotente e desnorteada diante de sua própria criação. Contudo, chegará um tempo em que a razão humana será suficientemente forte para dominar a riqueza e fixar as relações do Estado com a propriedade que ele protege e os limites aos direitos dos proprietários. Os interesses da sociedade são absolutamente superiores aos interesses individuais, e entre uns e outros deve estabelecer-se uma relação justa e harmônica. A simples caça à riqueza não é a finalidade, o destino da humanidade, a menos que o progresso deixe de ser a lei no futuro, como tem sido no passado. O tempo que transcorreu desde o início da civilização não passa de uma fração ínfima da existência passada da humanidade, uma fração ínfima das épocas vindouras. A dissolução da sociedade ergue-se, diante de nós, como uma ameaça; é o fim de um período histórico — cuja única meta tem sido a propriedade da riqueza — porque esse período encerra os elementos de sua própria ruína. A democracia na administração, a fraternidade na sociedade, a igualdade de direitos e a instrução geral farão despontar a próxima etapa superior da sociedade, para a qual tendem constantemente a experiência, a razão, e a ciência. Será uma revivescência da liberdade, igualdade e fraternidade das antigas geras, mas sob uma forma superior."

2. A MULHER NA SOCIEDADE COLONIAL BRASILEIRA

A monocultura e a escravidão são os principais ingredientes na formação de nossa sociedade colonial e cujos efeitos perduram até hoje.

Segundo Gilberto Freyre, em sua obra *Casa grande & senzala*, as relações na vida colonial obedeciam a dois instintos primários do Homem: o econômico e o sexual.

Neste modo de produção escravagista, a busca pelos meios de subsistência, em especial para as mulheres, era quase impossível.

É neste contexto que se estabelecem as relações entre sexos opostos e as resultantes como as relações de família.

E assim foi resumido pelo Marquês de Lavradio, ao afirmar que "as mulheres por se não empregarem e por falta de meios para se sustentarem, se prostituem".

Portanto, a organização social e econômica da colônia era quase que exclusivamente formada pelos senhores e escravos. Embora que de forma lenta novas classes sociais fossem surgindo como a dos comerciantes.

No entanto, sem serem senhores nem escravos estavam alijados do sistema produtivo da colônia.

As atividades diretamente relacionadas com o sistema produtivo e com o serviço doméstico são consequências do modo de produção escravagista colonial.

Não há espaço para o desenvolvimento de outras atividades e assim quem domina a vida na colônia é o "clã patriarcal".

E validado pelo rito católico, por meio das cerimônias religiosas do batismo e do casamento, surge a figura do padrinho, afilhado e compadres que regulamentam as relações de família.

Deve-se ressaltar que esta análise da economia patriarcal está restrita ao observado no nordeste brasileiro e em especial em Pernambuco, com a economia da monocultura da cana-de-açúcar e na escravidão com o uso da mão de obra índia ou negra.

No entanto, esta relação de subordinação também existiu na monocultura do café nos estados do sul do país, especialmente em São Paulo.

A família colonial, especialmente a família rural, assumiu uma grande variedade de funções sociais e econômicas, principalmente a do mando político com o oligarquismo e o nepotismo.

Assim, esta família transforma-se na aristocracia colonial mais poderosa da América e constituindo-se como força produtiva e detentora dos meios de produção é realmente o fator colonizador no Brasil.

Muitos colonos, pela ausência da mulher branca europeia, e com a necessidade de constituírem família, amenizaram as circunstâncias em que se encontravam as relações dos brancos com as mulheres de cor — de "superiores" com "inferiores" e, no maior número de casos, de senhores desabusados e sádicos com escravas passivas.

Organizou-se, assim, uma sociedade cristã na superestrutura, com a mulher indígena, recém-batizada, por esposa e mãe de família.

Deste modo, com o desmonte do modelo de "civilização" imposto pelos jesuítas aos índios, ocorreu a dissolução de muita família cristã de caboclo.

Pois sem deter os meios de produção e ainda reféns desta moral eivada de escrúpulos cristãos de adultério e de virgindade, estes lares cristãos estavam organizados de modo superficial e extremamente fragilizados.

Daí o grande número de abortos praticados na ausência de maridos e pais, diminuindo a natalidade e aumentando a mortalidade infantil, concorrendo para a degradação da gente nativa.

A mulher gentia deve ser considerada a base física da família brasileira. Os povoadores europeus aqui fixados nela se apoiou sendo, portanto, importante elemento de cultura na formação brasileira.

Este sistema patriarcal e de família colonial perdura em muitos aspectos em nossos dias, responsáveis pela mentalidade retrógrada imperante em nossa sociedade, criando dificuldades para a emancipação plena da mulher brasileira.

Um país em que ainda se fala em "concubinato" e que considera o casamento "superior" às uniões estáveis é um retrato perfeito do sistema colonial que acabamos de verificar.

Assim, conclui-se com Gilberto Freire que "a história social da casa-grande é a história íntima de quase todo brasileiro: de sua vida doméstica, conjugal, sob o patriarcalismo escravocrata e polígamo".

Atmosfera clerical e de religiosidade em que mergulha a vida colonial. De muito maiores consequências é a onipresença de um conjunto de crenças e práticas que o indivíduo já encontra dominantes ao nascer, e que o acompanharão até o fim, mantendo-o dentro do raio de uma ação constante e poderosa.

E contra eles não pensaria um momento em reagir.

Será batizado, confessará e comungará nas épocas próprias, casar-se-á perante um sacerdote, praticará os demais sacramentos e frequentará festas e cerimônias religiosas com o mesmo espírito com que intervém nos fatos que chamaríamos hoje, em oposição, da sua vida civil.

O cidadão da colônia atravessará seus anos de existência sem que lhe aflore à mente, um instante sequer, a mais leve suspeita de que tais atos podiam ser dispensados. Haverá incréus e céticos — e a época no momento que nos ocupa era propícia à sua multiplicação —, mas a incredulidade deles ficará restrita a seus pequenos, fechados e insulados círculos de maçons e livres-pensadores que escondem cuidadosamente sua descrença; mais que criminosos, eles apareceriam aos olhos do mundo que os cerca como loucos temíveis.

A Religião não era ainda admitida, ela "era" simplesmente. A Igreja interferia em tudo, e ninguém podia escapar. Casamentos, divórcios, testamentos, tudo era pela Igreja.

Era das estipulações do Concílio de Trento, que Portugal foi a única das ações cristãs a aprovar sem restrições; e que se mantiveram em vigor no Brasil, em seus traços essenciais, até a República.

3. *A MULHER NA SOCIEDADE CAPITALISTA*

A mulher da atualidade, no modo de produção capitalista, herdou as mazelas do sistema colonial e sofre os efeitos do liberalismo econômico. Portanto, duplamente penalizada.

A ideologia de gênero em detrimento do conceito de classe tem levado o movimento feminino de emancipação da mulher a caminhos equivocados.

O desemprego atinge homens e mulheres sendo assim um problema da classe trabalhadora. Apesar de a mulher ser mais penalizada nesta disputa pelo acesso ao trabalho, não é exclusivamente a sua condição de mulher a responsável por esta situação. Se assim fosse, a simples equiparação da mulher ao homem já teria resolvido a questão. Esta é uma visão do "socialismo utópico", passiva em aguardar que o Estado conceda, dentro de suas conveniências, os direitos que já são delas.

Deste modo, entende-se que o papel da mulher nesta sociedade capitalista tem a ver com a sua inserção no mercado de trabalho, como uma força produtiva e que possa deter os meios de produção e assim ser voz ativa na luta pelos seus direitos.

Como já visto, a desigualdade das mulheres se inicia com a divisão sexual do trabalho, pelos gêneros sociais: os homens fazem determinadas atividades e as mulheres outras.

Esta opressão da mulher ocorre em várias frentes de naturezas diversas: econômica, cultural, psicológica e principalmente ideológica.

Esta superestrutura ideológica e jurídica da sociedade guarda estreita relação com a infraestrutura de produção.

Mesmo Freud, sem adotar explicitamente uma visão materialista da história em seus estudos, buscava explicação para os problemas psicológicos dos seus pacientes nas relações concretas entre os homens.

Chamou de introjeção o mecanismo de formação de nossa consciência, pela qual é introduzida em nós a percepção que temos do mundo exterior.

As altas taxas de desemprego lançaram a mulher ao mercado de trabalho. Para garantir condições materiais de vida digna e de luta contra o preconceito ideológico, em busca de sua emancipação, a qual só será possível por meio de novas posições além daquelas que lhe foram destinadas pelo sistema de produção capitalista.

A mulher como força produtiva criadora do modo de produção capitalista poderá romper as amarras que lhe prendem a um sistema arcaico colonial, baseado na servidão doméstica.

Os avanços ocorridos ao que se refere aos direitos da mulher só foram possíveis graças à sua participação política dentro do sistema produtivo.

Daí ocorre um fenômeno curioso, embora previsível: alguém terá que tomar conta da casa. Assim aumentou a demanda por empregadas domésticas, as quais sob nova legislação passaram a ter um tratamento longe daquela "relação de família" e sim dentro de uma relação trabalhista profissionalizada. Tema este abordado no livro *Justa causa doméstica* da LTr Editora.

Não é a desigualdade de gênero que explica isso. É a desigualdade de classe, já que os problemas sociais se relacionam com a estrutura econômica da sociedade.

Pois, se a mulher não tem emprego é porque há um desemprego em massa, atingindo a todos os trabalhadores.

PARTE II
PERSPECTIVA JURIDICA

4. CONCEITOS INTRODUTÓRIOS

A abordagem feita na parte anterior teve o objetivo de oferecer os subsídios teóricos suficientes para o embasamento mínimo necessário à metodologia aqui aplicada e assim dar suporte aos conceitos introdutórios, específicos do mundo jurídico, a seguir esboçados.

A opção pelo materialismo histórico na análise das normas jurídicas afeitas à união estável tem a sua razão de ser.

Entende-se que, no cenário contemporâneo, a prática jurídica é dominada pelo dogmatismo dos tribunais e regida pela sua dinâmica normativista. Na análise mais acadêmica do Direito percebe-se a nítida influência, tanto do liberalismo político de John Rawls e Jurgen Habermas como a do liberalismo econômico, por meio de autores como Friedrich August Von Hayek, Milton Friedman e outros.

Com os idealistas, Kant, Feurbach e Hegel, manifestam-se o predomínio da ideia sobre os fatos, da moral sobre o material e da consciência social sobre as relações produtivas das coletividades.

Marx, ao contrário, era materialista na acepção filosófica do termo, pois tratava das relações dentro da produção econômica. Para ele, é a existência social que determina a consciência social. Seu materialismo visa opor-se ao idealismo espiritualista hegeliano, para o qual a força que move a história é a ideia, o espírito, a consciência.

A verdadeira inovação de um direito de família reside na sua conformidade às alterações operadas na infraestrutura social, como as multifacetadas relações familiares. Todos afirmam defender o direito, mas o que defendem é uma concepção determinada do direito. O direito provém das forças e dos movimentos que se desenvolvem no seio da sociedade.

Portanto, opta-se por uma perspectiva de análise jurídica calcada na visão materialista de mundo formulada por Karl Marx. E coerente com esta escolha metodológica e sua estreita relação com o Direito, destaca-se, obrigatoriamente nesse cenário, a figura ímpar do jurista soviético Pachukanis, adiante estudado.

O uso desta metodologia permite penetrar nos meandros da origem das normas e entender as mediações ocorridas na sua elaboração, quais os fins almejados e principalmente a quem interessa a sua aplicação. Em suma, o "porquê" da norma.

Sem a compreensão dos problemas que afeta a toda sociedade, de suas necessidades e interesses e da luta pela emancipação humana, o mundo não poderá ser efetivamente transformado. O materialismo histórico aplicado ao direito oferece os instrumentos necessários para esta percepção mais aprofundada das contradições, mediações e superações dialéticas que ocorrem no interior da sociedade e dos seus reflexos na elaboração das normas jurídicas.

Os conceitos abaixo visam informar em que contexto, sociológico, jurídico, social ou econômico, acontece a luta dos homens e das mulheres em geral, homo ou hetero ou qualquer outra classificação de gênero, na questão da união estável emancipadora e abrangente e das diversas formas de relacionamentos familiares dentro da realidade da sociedade brasileira.

O QUE É UMA CONSTITUIÇÃO POLÍTICA?

Quem faz as leis? Esta deve ser a pergunta fundamental que todo estudioso do Direito deve fazer. Apesar da advertência de Otto von Bismarck: "as leis são como salsichas. É melhor não ver como elas são feitas".

Aqui é tratado o aspecto sociológico das constituições, em um breve resumo da obra de Ferdinand Lassale.

Ele propõe demonstrar que a essência de uma constituição política são os *fatores reais de poder.*

Assim mostra as influências sofridas pelas Constituições em diversos momentos históricos. O poder do Rei, da nobreza e da Igreja nas monarquias absolutistas. O surgimento da burguesia, a Revolução Francesa e a Revolução Industrial moldaram diferentemente as Constituições do seu tempo.

Para Lassale, a Constituição política deve ser a soma dos fatores reais de poder, definidos como a força ativa e eficaz que informa todas as leis e instituições jurídicas da sociedade. Em face disso, a Constituição política de um Estado, formalmente exteriorizada como uma estrutura de normas jurídicas colocadas numa folha de papel, não passa da expressão da Constituição real, material, de uma sociedade. Se quisermos saber o que realmente é uma Constituição política, devemos buscar uma interpretação socioeconômica de seus dispositivos, nos quais os fatores reais de poder veladamente se manifestam.

E que uma hermenêutica normativista não é capaz de captar.

E quando são submetidos ao cumprimento de certas formalidades, estes fatores reais de poder transformam-se em fatores jurídicos quando, então, são transportadas para uma folha de papel, recebendo forma escrita. Transformam-se, a partir deste instante, no próprio direito positivo, imposto pelo Estado e carregado de coercibilidade, cabendo punição aos seus opositores. Isto é plenamente verificado em nosso Código Civil ao manter a expressão retrógada e preconceituosa da “concubina”.

Deste modo existem duas constituições no Estado: a real ou social formada pela soma de fatores reais de poder que prevalece num dado momento histórico; e a escrita, simples documento, folha de papel. Esta será duradoura apenas se corresponder à constituição real, ou seja, à soma das forças capazes de alterar, verdadeiramente, o modo formal de ser da sociedade.

Pois a norma só tem efetividade se estiver regendo a realidade social nela descrita, em uma aproximação tão estreita quanto permitida ou possível, entre o *dever-ser* normativo e o *ser* da realidade social.

Portanto, o art. 226 da Constituição Federal, que tutela a união estável, não possui efetividade, pois não reflete a realidade das uniões existentes em nossa sociedade.

Uma Constituição política elaborada em desacordo com estes fatores “seria um corpo sem alma, mera folha de papel”.

Rui Barbosa em seus *Comentários à Constituição Brasileira de 1891*, dizia que as Constituições são consequências da irreversível evolução econômica do mundo.

Lassale, expoente máximo do sociologismo constitucional, afirma que o conceito jurídico normativo diz o que as constituições *fazem,* mas não o que *é.* Não há critérios para reconhecê-la. Não indica onde está o conceito de constituição*, a essência constitucional.*

A LUTA PELO DIREITO

Este é outro conceito de suma importância para o presente estudo, apesar de não adotar a concepção materialista da história.

No verão de 1872, Rudolf von Ihering proferiu uma palestra destinada a juristas, na Sociedade Jurídica de Viena, sobre a promoção do sentimento de justiça. Esta palestra, ampliada e adaptada, foi publicada sob o título *A luta pelo direito.*

Ele foi quem mais se aproximou da conceituação do Direito Subjetivo. Para ele, sua essência não é o interesse, mas a vontade. “Não permiti que vosso direito seja pisoteado impunemente." É a ideia central desenvolvida neste livro.

Von Ihering deu grandes contribuições sobre a compreensão finalística da lei, ou seja, a interpretação teleológica, para a qual toda interpretação jurídica é de natureza teleológica (finalística). Uma norma jurídica não atinge sua finalidade se não atinge resultados práticos, pois esta é a essência do Direito.

Considera que a luta pelo direito é um dever do indivíduo para consigo mesmo.

O direito subjetivo é inerente à personalidade do seu titular.

Portanto, as discriminações ocorridas para quem não é casado e adota qualquer outra forma de relacionamento familiar constitui uma ofensa a esse direito e é diretamente uma agressão à pessoa. A reação a esta agressão é uma atitude de autodefesa moral, pois o que está em jogo é a afirmação ou a renúncia da própria personalidade.

É importante ressaltar que a defesa deste direito constitui um dever para com a comunidade. É assim um imperativo de defesa social a própria defesa pessoal e esta postura contribui para a realização do direito.

Para o autor, o Direito não é mero instrumento de proteção de interesses. Quem prega a luta pelo Direito vê nele um valor a ser preservado. Espera-se que seja o reconhecimento das modalidades de união familiares, valores caros aos que não optam pelo casamento.

É antes de tudo "dever de dignificar a parcela da humanidade encerrada em nós mesmos". Von Ihering defende que o abandono da luta pelo direito é altamente condenável e cita Kant (em *Fundamentos metafísicos da moral*): "Quem se transforma num verme não pode queixar-se de ser pisado aos pés dos outros."

Considera que é o direito privado, do cidadão, a verdadeira escola de educação política dos povos e não o direito público. A luta pelos direitos privados, do indivíduo como ser humano, é a própria luta pelo direito do estado e da nação.

E conclui: "a semente lançada no direito privado frutifica no direito público e no direito internacional."

ECONOMIA POLÍTICA

Por que se usa a expressão economia política?

O termo "política", usado pelos liberais para qualificar a economia, refere-se à sociedade civil inteira e que não se reduz às atividades econômicas de famílias e grupos familiares separados da esfera política, mas concerne às atividades de produção e troca de indivíduos cuja existência não é definida por sua situação familiar e sim por sua inserção social na produção econômica. A economia política é elaborada como liberalismo econômico.

Por ser a vida em comum mais vantajosa aos indivíduos, estes pactuam para criar a sociedade e o Estado.

A propriedade privada é natural e útil socialmente, além de legítima moralmente, porque estimula o trabalho e combate o vício da preguiça.

A economia política buscará as leis dos fenômenos econômicos na natureza humana e os efeitos das causas econômicas sobre a vida social.

A economia política deverá garantir que a racionalidade natural e a liberdade humana se realizem por si mesmas, sem entraves e sem limites.

Para alguns economistas políticos do século XIX, como Adam Smith, a concorrência (ou lei econômica da oferta e da procura) é responsável pela riqueza social e pela harmonia entre interesse privado e interesse coletivo.

Para outros, como David Ricardo, as leis econômicas revelam antagonismos entre os vários interesses dos grupos sociais.

Vemos, assim, que embora o liberalismo político tenha sido formulado antes do liberalismo econômico, do ponto de vista lógico é o liberalismo econômico que dá os fundamentos para o liberalismo político.

PARA A CRÍTICA DA ECONOMIA POLÍTICA

Na obra *Para a crítica da economia política*, Marx escreve:

> "O conjunto das relações de produção (que corresponde ao grau de desenvolvimento das forças produtivas materiais) constitui a estrutura econômica da sociedade, a base concreta sobre a qual se eleva uma superestrutura jurídica e política e à qual correspondem determinadas formas de consciência social. O modo de reprodução de vida material determina o desenvolvimento da vida social, política e intelectual em geral. Não é a consciência dos homens que determina o seu ser; é o seu ser social que, inversamente, determina sua consciência."

O poder político sempre foi a maneira legal e jurídica pela qual a classe economicamente dominante de uma sociedade manteve seu domínio sobre as outras classes sociais.

O aparato legal e jurídico apenas dissimula o essencial: que o poder político existe como poderio dos economicamente poderosos para servir seus interesses e privilégios e garantir-lhes a dominação social.

Na economia política reside a anatomia da sociedade civil, cujo conceito compreende a totalidade das relações materiais de vida.

A dialética entre forças produtivas e relações de produção, bem como entre base econômica e superestrutura ideológica e institucional, determina a sucessão dos modos de produção e das formações sociais.

Cada forma de produção cria suas próprias relações de direito e formas de governo.

O direito da força é também um direito, e que o direito do mais forte sobrevive ainda sob outra forma em seu "Estado de Direito".

Sem necessidade não há produção, mas o consumo reproduz a necessidade. A produção cria o consumidor. Portanto, a produção não cria somente um objeto para o sujeito, mas também um sujeito para o objeto.

É o que ocorre com a inserção da mulher no mercado de trabalho, rompendo com as antigas determinações e criando novas relações de produção, por meio de novas forças produtivas.

SOCIEDADE CIVIL

A sociedade civil não é a manifestação de uma ordem natural racional nem o aglomerado de indivíduos e famílias, cujos interesses antagônicos serão conciliados pelo contrato social e surgindo o Estado como expressão do interesse e da vontade gerais.

No capitalismo, a sociedade civil, fundada na separação entre propriedade privada dos meios de produção — observando-se que a internet de certo modo democratizou o domínio dos meios de produção a um amplo leque de indivíduos — e o trabalho, é o sistema de relações sociais que organiza a produção econômica por meio das mais variadas instituições como a família, igrejas, escolas, partidos políticos e meios de comunicação.

É o espaço no qual as relações sociais, a exemplo das relações de família, são pensadas e representadas por um conjunto de ideias morais, religiosas e jurídicas.

A sociedade civil é o processo de constituição e reposição das condições materiais da produção econômica pelas quais são engendradas as classes sociais. Os proprietários privados dos meios de produção e os trabalhadores ou não proprietários, que vendem sua força de trabalho como mercadoria submetida à lei da oferta e da procura no mercado de mão de obra.

Essas classes sociais são antagônicas e seus conflitos revelam uma contradição profunda entre os interesses irreconciliáveis de cada uma delas, isto é, a sociedade civil não é um aglomerado de indivíduos e sim uma divisão social de classes e se realiza como luta de classes.

E é para servir aos interesses de uma das classes sociais que o Estado é instituído. A sociedade civil é a economia de mercado capitalista.

O QUE É O ESTADO?

Longe de diferenciar-se da sociedade civil e de se separar dela, longe de ser a expressão da vontade geral e do interesse geral, o Estado é a expressão legal dos interesses de uma classe social particular, a classe dos proprietários privados dos meios de produção ou classe dominante.

E o Estado não é uma imposição divina aos homens nem é o resultado de um pacto ou contrato social, mas a maneira pela qual a classe dominante de uma época e de uma sociedade determinada garante seus interesses e sua dominação sobre o todo social.

Não por acaso, o liberalismo define o Estado como garantidor do direito de propriedade privada e, não por acaso, reduz a cidadania aos direitos dos proprietários privados. Portanto, não se deve esperar do Estado uma ampliação desta cidadania e só pela luta por novas condições de vida isto será possível.

No capitalismo, a relação estreita entre a economia e a política tornou-se evidente.

No entanto, esta vinculação entre o poder econômico e o poder político não é percebido pela maioria das pessoas, ocultada pela ideologia.

Distinguindo-se da antiga organização gentílica, o Estado caracteriza-se, em primeiro lugar, pelo agrupamento dos seus súditos de acordo com uma divisão territorial.

O segundo traço característico é a instituição de uma força pública. A necessidade dessa força pública especial deriva da divisão da sociedade em classes, que impossibilita qualquer organização armada espontânea da população.

Esta força pública existe em todo Estado; é formada não só de homens armados como, ainda, de acessórios materiais, os cárceres e as instituições coercitivas de todo gênero, desconhecidos pela sociedade da gens.

Mas se fortalece na medida em que exacerbam os antagonismos de classe dentro do Estado e na medida em que os Estados contíguos crescem e aumentam de população. Basta-nos observar o mundo de hoje, onde a luta de classes e a rivalidade nas conquistas levaram a força pública a tal grau de crescimento que ela ameaça engolir a sociedade inteira e o próprio Estado.

Para sustentar essa força pública, são exigidas contribuições por parte dos cidadãos do Estado: os impostos.

Como visto, o Estado não tem existido eternamente. Houveram sociedades que se organizaram sem ele, não tiveram a menor noção do Estado ou de seu poder. Ao chegar a certa fase de desenvolvimento econômico, que estava necessariamente ligada à divisão da sociedade em classes, essa divisão tornou o Estado uma necessidade.

As relações de produção não são responsáveis apenas pela gênese da sociedade, mas também pela do Estado, que Marx designa como superestrutura jurídica e política, correspondente à estrutura econômica da sociedade.

No Estado moderno, as ideias de estado de natureza, direito natural, contrato social e direito civil fundam o poder político na vontade dos proprietários dos meios de produção, que se apresentam como indivíduos livres e iguais que transferem seus direitos naturais ao poder político, instituindo a autoridade do Estado e das leis.

Eis porque o Estado precisa aparecer como expressão do interesse geral e não como senhorio de alguns poderosos.

Os não proprietários podem recusar como fizeram inúmeras vezes na história, o poder pessoal visível de um senhor, mas não o fazem quando se trata de um poder distante, separado, invisível e impessoal como o Estado. Julgando que este se encontra a serviço do bem comum, da justiça, da ordem, da lei, da paz e da segurança, aceitam a dominação, pois não a percebem como tal.

A estrutura da instituição estatal, com seus vários órgãos, foi concebida e realizada com um objetivo determinado, que é o de garantir, por meio da política e do direito, a ordem que a classe dirigente pretende.

O Estado, para a maioria dos juristas, tem por objetivo realizar o bem comum, particularmente por meio do direito. Mas isso não é exato; o bem comum, em numerosos casos, está em oposição com a manutenção da ordem, a qual constitui a principal razão de ser do Estado, que, logicamente, não pode prosseguir simultaneamente esses dois objetivos quando eles se excluem. A ordem pública e o bem comum não coincidem forçosamente: o bem para uns é o mal para os outros, quando os interesses e as tendências são opostos.

Historicamente, sempre a manutenção da ordem tem prevalecido: ordem escravagista, feudal, burguês, socialista. O bem comum não depende do Estado, mas de uma determinada forma de organização social.

GÊNESE DA IDEOLOGIA

A ideologia é um fenômeno histórico-social decorrente do modo de produção econômico. É uma rede de imagens e de ideias ou um conjunto de representações sobre os seres humanos e suas relações, sobre as coisas, sobre o bem e o mal, o justo e o injusto, os bons e os maus costumes.

O preconceito em relação à união estável é fruto da ideologia, oriunda do modo de produção existente em nossa sociedade.

À medida em que, numa formação social, se estabiliza, se fixa e se repete uma forma determinada da divisão social, cada indivíduo passa a ter uma atividade determinada e exclusiva que lhe é atribuída pelo conjunto das relações sociais, pelo estágio das forças produtivas e pela forma de propriedade. Cada um, por causa da fixidez e da repetição de seu lugar e de sua atividade, tende a não percebê-los como instituídos socialmente e a considerá-los naturais, por exemplo, quando alguém julga que faz o que faz porque tem talento ou vocação natural para isso; quando alguém julga que, por natureza, os negros foram feitos para serem escravos; quando alguém julga que por natureza, as mulheres foram feitas para a maternidade e o trabalho doméstico.

Na crença de que "as ideias é que movem o mundo".

Essas imagens e ideias (representações) não exprimem a realidade social (união estável), mas representam a aparência social do ponto de vista dos dominantes — são o que os dominantes pensam sobre a sociedade e não o que a sociedade efetivamente é.

Que faz a ideologia?

Oferece a uma sociedade dividida em classes sociais antagônicas, e que vive na forma da luta de classes, uma imagem que permita a unificação e a identificação social — uma língua, uma religião, uma etnia, uma pátria, um Estado, uma humanidade, mesmos costumes e um direito.

Assim, a função primordial da ideologia é ocultar a origem da sociedade (relações de produção como relações entre meios de produção e forças produtivas sob a divisão social do trabalho), dissimular a presença da luta de classes (domínio e exploração dos não proprietários pelos proprietários privados dos meios de produção), negar as desigualdade sociais (são imaginadas como se fossem consequências de talentos diferentes, da preguiça ou da disciplina laboriosa) e oferecer a imagem ilusória da comunidade (o Estado) originada do contrato social entre homens livres e iguais.

A ideologia é a lógica da dominação social e política.

Porque nascemos e somos criados com essas ideias e nesse imaginário social, não percebemos a verdadeira natureza de classe do Estado.

SOCIALISMO JURÍDICO

A obra *Socialismo jurídico*, de Engels e Kautsky, é contra o socialismo dos juristas, ou seja, o socialismo por meio do direito. O pensamento dos autores defende a necessidade de superação das estruturas e formas da sociedade burguesa.

O direito é, irremediavelmente, uma forma de capitalismo. Assim sendo, as mudanças no Direito de Família devem ocorrer por meio de uma "revolução", a única opção realmente transformadora das relações familiares e patrocinada pelos movimentos feministas e igualitários — e não pela reforma patrocinada pelas instituições jurídicas.

Naturalmente, não significa que os movimentos sociais renunciem a propor determinadas reivindicações jurídicas. Todo partido político de conotação humanitária e social as fazem.

No entanto, estas reivindicações resultantes dos interesses comuns de uma classe só podem ser realizadas quando esta classe conquista o poder político e suas reivindicações alcançam validade universal sob a forma de leis.

TEORIA GERAL DO DIREITO E MARXISMO

Evgeny Bronislavovich Pachukanis foi um dos mais importantes juristas soviéticos.

No começo do século XX, foram iniciadas as grandes formulações do direito que servem de inspiração aos juristas de hoje, fundadas na normatividade.

No entanto, em sua principal obra, *Teoria geral do direito e marxismo*, Pachukanis buscou a identificação do fenômeno jurídico com as relações de produção, proposta na caracterização de um ensaio metodológico pelo qual enfoca o direito sob o ângulo da dialética e do materialismo histórico.

Assim, revela-se impossível apostar na transformação social por caminhos jurídicos ou por meio do Estado, pois a forma jurídica e a forma política estatal são elementos centrais do capitalismo.

Pachukanis reconhece a referência normativa do direito, mas afasta-se tanto da perspectiva do puro formalismo abstrato quanto do sociologismo jurídico. Assim, a teoria geral do direito deve explicar tanto o conteúdo como as formas jurídicas, no eixo de uma perspectiva histórica.

Para Pachukanis, o direito encontra-se em íntima conexão com as relações de produção, sendo mais um produto destas, enquanto relações concretas de base entre os agentes sociais, do que da superestrutura política estatal, em sua formulação normativa, coercitiva e volitiva.

Para ele, o direito deve cumprir também uma função cognoscitiva viva, preenchendo assim umas das condições básicas para a transformação de nossa realidade social, em especial o foco na chamada "entidades familiares".

Serão abordados a seguir alguns conceitos desenvolvidos por Pachukanis que dão embasamento teórico ao tema deste livro: a união estável e sua inserção no ordenamento jurídico.

Desde que as relações humanas têm como base as relações entre sujeitos, surgem as condições para o desenvolvimento de uma superestrutura jurídica, com suas leis formais, seus tribunais, seus processos e seus advogados.

Conclui-se então que os traços essenciais do direito privado burguês são ao mesmo tempo os atributos característicos da superestrutura jurídica.

Uma teoria do direito, essencialmente normativa, nada explica. *A priori*, volta as costas às realidades concretas, ou seja, às variadas formações familiares, e que se preocupa com normas sem se importar com sua origem ou com suas relações com quaisquer interesses materiais, não pode ter pretensões ao título de teoria.

A natureza ideológica de um conceito, por exemplo, o entendimento de que o casamento é a forma ideal de matrimônio e, assim, superior à união estável, não suprime a realidade social do grande número de relacionamentos familiares fora da instituição do casamento. Este entendimento só é possível quando se considera o Estado como uma organização real de dominação de classe.

Para o jurista dogmático, dentro dos estreitos limites da sua tarefa puramente técnica, verdadeiramente não existem se não normas; ele pode, pois, identificar com a maior serenidade o direito e a norma. Com relação ao direito consuetudinário, ele deve, quer queira quer não, voltar-se para a realidade.

Teoricamente, no entanto, a convicção de que o sujeito e a relação jurídica não existem fora da norma objetiva é tão errônea quanto a convicção segundo a qual o valor não existe e não pode ser definido fora da oferta e da procura, já que ele apenas se manifesta empiricamente nas variações dos preços. (a união diversa existe apesar de não prevista nas normas etc.).

O pensamento jurídico dominante que põe em primeiro plano a norma como regra de conduta, formulada autoritariamente, não é menos empírico e segue junto, como se pode igualmente observar nas teorias econômicas, com um formalismo extremo totalmente desligado da vida.

A teoria lógico-formal do positivismo jurídico baseia-se no fato empírico de as relações, que se encontram sob a proteção do Estado, ser as que são mais bem garantidas (art. 226, CF, união estável), daí conclui-se que a superestrutura jurídica é uma consequência da superestrutura política.

5. LEGISLAÇÃO

Seguindo a linha metodológica e conceitual adotada, faz-se um estudo crítico da normatividade do direito aplicada à união estável, que é interpretado conforme a lógica formal e, busca-se, assim, neste ensaio, outro entendimento que seja capaz de mostrar toda a sua essência e a sua razão de ser.

Os comentários a seguir feitos não têm o objetivo de "dizer" a norma, em leitura direta e, claro, desnecessária, mas tentar entender o "porquê" de ser expressa daquela maneira.

DIREITO CANÔNICO

Durante o Concílio de Trento, na esteira da contrarreforma, houve a sacramentalização do matrimônio. Uma espécie de uma apropriação pela Igreja Católica.

Como o Direito Canônico exerceu uma influência considerável sobre as Ordenações Filipinas que vigoravam no Brasil na época da colonização, ele teve uma influência enorme sobre as relações de família aqui constituídas e tuteladas pelos jesuítas.

O cânone 1055 — § 1º mostra toda a sua influência no nosso Direito da Família, que assim dispõe: "O pacto matrimonial, pelo qual o homem e a mulher constituem o consórcio de toda a vida, por sua índole natural ordenado ao bem dos cônjuges e à geração e educação da prole, entre batizados foi por Cristo elevado à dignidade de sacramento".

A família é a célula mãe de toda a sociedade e o vínculo matrimonial, por sua vez, constitui a base da existência familiar.

O matrimônio, para o Direito Canônico, funda-se na união entre o homem e a mulher, que se comprometem a construir entre si uma comunidade para toda vida. Assim, são características essenciais do matrimônio, para a Igreja Católica, a unidade e a indissolubilidade.

ORDENAÇÕES FILIPINAS — LIVRO V

As Ordenações Filipinas regeram a maior parte da vida colonial, e sua vigência estendeu-se para além da independência do Brasil, sobrevivendo, em parte, ao próprio regime monárquico. O Código Civil foi sancionado apenas em 1916, para vigorar a partir de 1º de janeiro de 1917. Foi somente nessa data que as últimas determinações das Ordenações Filipinas deixaram finalmente de vigorar. Este fato, por si só, deixa claro como estava estruturado o nosso sistema jurídico e como as demandas da sociedade estavam reprimidas.

Dentro do contexto histórico e político a que pertencem as Ordenações Filipinas, em especial seu livro V que trata do direito penal, algumas reflexões se fazem necessárias, para mostrar as mudanças ocorridas ao longo da história. As penalidades aplicadas aos atos considerados delituosos continuam, em sua essência, plenamente aplicados nos dias de hoje. Apenas adaptadas aos novos tempos, em sua forma e interpretação. Outros tempos, outras maneiras de punir.

Num jogo de distinções hierárquicas, a aplicação das penas não deriva diretamente do crime cometido. Degredo, açoites e outras marcas corporais, penas pecuniárias ou qualquer uma das "mil mortes" eram distribuídas desigualmente, conforme a gravidade do crime e os privilégios sociais do réu ou da vítima.

Nada tão familiar.

As Ordenações contêm elementos indissociáveis do mundo em que foi concebido. A lei e o poder régios, o exercício da justiça e o domínio monárquico aparecem intimamente ligados às hierarquias sociais e às políticas de dominação do Antigo Regime. Mediante aplicação das punições percebem-se as distinções que ordenavam as desigualdades e os privilégios naquela sociedade. Fruto de uma concepção de poder.

Se as leis eram a afirmação do poder do monarca, hoje são expressão do domínio das classes dominantes.

O que importa é que, em todos os tempos, nos princípios e nas práticas penais, a política está sempre presente, de modos diversos e em direções conflitantes. E no direito de família não é diferente. É só procurar que a encontraremos.

Trazendo esta conceituação das Ordenações para o tema deste livro, algumas reflexões e comparações serão de muita utilidade.

1 — "Que nenhum homem cortesão ou que costume andar na Corte traga nela barregã (manceba, amásia, concubina). Ordenamos que o homem casado que tiver barregã teúda e manteúda seja degredado pela primeira vez por três anos para África".

Termos até há pouco tempo largamente utilizados pela população e ainda presentes no Código Civil. O preconceito da expressão "concubina", como se vê, tem uma origem remota, mas continua presente em face do conservadorismo do nosso ordenamento jurídico que se mantém estagnado e não acompanha a evolução da sociedade.

2 — Do que matou sua mulher por a achar em adultério.

"Achando o homem casado sua mulher em adultério, licitamente poderá matar a ela como o adúltero, salvo se o marido for peão e o adúltero fidalgo ou nosso desembargador, ou pessoa de maior qualidade. Porém, quando matasse alguma das sobreditas pessoas, achando-a com sua mulher em adultério, não morrerá por isso, mas será degredado para África..."

A desigualdade no tratamento das pessoas, na sua essencialidade, continua a vigorar. Quem pode mais sempre acaba se beneficiando do aparato judicial, de uma forma ou de outra. E a instituição do matrimônio monogâmico transformou a mulher em propriedade do homem, podendo dela dispor a seu bel-prazer.

Talvez por esta influência a agressão à mulher seja uma constante em nossa sociedade. A maioria dos homens contemporâneos deve invejar e acreditar ser também "uma pessoa de maior qualidade".

Mas dependendo da situação econômica dos envolvidos, de sua posição nas relações de produção na sociedade capitalista, e principalmente em face da independência financeira da mulher, haverá certamente uma mudança significativa neste contexto de agressões.

UNIÃO ESTÁVEL – CONCEITOS E DISPOSIÇÕES ESPECÍFICAS

Serão abordados neste tópico o conceito e as disposições específicas referentes à União Estável presentes em variados instrumentos jurídicos, como segue:

1. Constituição Federal — 1988

Art. 226. A família, base da sociedade, tem especial proteção do Estado.

§ 3º Para efeito da proteção do Estado, é reconhecida a união estável entre o homem e a mulher como entidade familiar, devendo a lei facilitar sua conversão em casamento.

Este artigo pode ser analisado em três pontos essenciais:

1 — Proteção do Estado.

Preconceito é a manifestação ideológica da sociedade conservadora. Assim, todo o tratamento da união estável atualmente dado pela maioria dos doutrinadores e legisladores está impregnado deste viés moralista, retrógrado e conservador. A tibieza do legislador é patente.

Um mundo em transformação, na passagem do modo de produção feudal ao burguês, necessitava de uma ordem social e política. E a Igreja desempenhou um papel preponderante nesta nova organização, para a qual a instituição do casamento foi apenas um dos instrumentos. Influência tão forte que perdura até hoje mesmo que estejamos em um modo de produção puramente capitalista.

Assim, esta "proteção" do Estado, a intenção de tutelar as relações matrimoniais é a mais pura manifestação dos interesses conservadores atuantes na elaboração das leis, ou segundo Lassale, dos "fatores reais de poder".

2 — A união estável, entre o homem e a mulher, é reconhecida como entidade familiar.

A lei não faz o direito. As "uniões estáveis" existentes em nossa sociedade, em todas as suas formas e matizes e não apenas entre o homem e a mulher, constituem de fato entidades familiares. Reconheçam ou não a sociedade conservadora representada pelo Estado.

Este socialismo jurídico, ou seja, a implantação pelo Estado de direitos efetivamente já constituídos é querer tutelar o que não pode ser tutelado.

3 — Facilitar sua conversão em casamento.

Esta primazia do casamento sobre outras formas de entidades familiares, como já visto, tem sua origem no Direito Canônico. Que por sua vez, dentro das relações de poder à época de sua elaboração, atendia a interesses mais mundanos, de controle social dos mais pobres e da preservação do patrimônio das oligarquias familiares, nas famílias ditas monogâmicas.

Num mundo em constante evolução, todas as formas de relacionamento pessoal, qualquer que seja o nome a ele atribuído, devem ser equiparadas, apenas em seus efeitos legais, ao instituto do casamento. Pois para outros efeitos, qualquer que seja a sua natureza, não se faz necessário.

Em nossa proposta apresentada na parte III, relativa ao Acordo de Relacionamento Pessoal, este desempenharia a função de total equiparação tanto matrimonial quanto patrimonial das relações familiares, deslocando-se muitas das atuais atribuições do Direito de Família para o Direito das Obrigações.

Isto sem a "proteção" do Estado, sem a sua "benevolência" em instituir direitos, sem uma legislação específica, pois os cidadãos são capazes de adotarem as medidas que mais lhe convêm, desde que não cause danos a terceiros. Não há necessidade de "equiparação" ao casamento, seria apenas outra modalidade de matrimônio com efeitos legais.

Em face de uma legislação omissa foi estimulada a constitucionalização do direito de família.

Com o foco nos efeitos patrimoniais, reduzida a um contrato de adesão, a legislação define a união estável com base em presunções absolutas impostas pelo Estado. No Tomo I são abordadas dezenas delas.

Delas não escapa ninguém. Atinge qualquer um que tenha vivido uma simples relação de afeto. Assim conviver em união amorosa pode implicar em acabar casado por decurso de prazo.

O Estado não respeita a vontade das pessoas, os que querem solenizar o relacionamento podem fazer uso do casamento. A quem não pretende a solenização, pode optar por uma formalização de cunho particular, com efeitos legais, para comprovar a relação existente, como por exemplo, para obter benefícios previdenciários. Este documento teria valor igual ao dado a uma certidão de casamento.

A patrimonialização da união estável inibe a relação de afeto, amedronta os que apenas querem se amar. Levando as pessoas a criarem álibis, subterfúgios, para evitar a caracterização pelo Estado da existência de uma união estável e fugir das consequências patrimoniais, sucessórios e alimentares.

Decisão judicial:

(TRF5-0198138) CONSTITUCIONAL E ADMINISTRATIVO. MILITAR. UNIÃO ESTÁVEL. PENSÃO POR MORTE. DIREITO DA COMPANHEIRA. RATEIO COM VIÚVA SEPARADA DE FATO. POSSIBILIDADE. 1. PRELIMINARES LEVANTADOS PELA RECORRENTE RECHAÇADAS. A Constituição Federal, art. 226, § 3º, reconheceu a união estável entre o homem e a mulher como entidade familiar. 3. Hipótese em que a convivência restou devidamente demonstrada, através de documentação existente nos autos, fazendo jus a companheira à pensão deixada pelo *de cujus*. 4. O relacionamento existente entre a demandante e o instituidor do benefício não se apresentava como adulterino, uma vez que ele, embora fosse casado civilmente, estava separado de fato da ex-esposa. 5. O art. 7º, I, "b", da Lei de Pensões Militares contempla também a companheira não designada, desde que comprove a união estável. 6. O Superior Tribunal de Justiça, no julgamento do REsp 1270439, sob a sistemática dos recursos repetitivos, decidiu que a declaração de inconstitucionalidade, por arrastamento, do art. 5º da Lei n. 11.960/2009, quando do julgamento da ADI n. 4357 e da ADI n. 4425, ocorrido em 14.03.13, não teria atingido a disposição alusiva aos juros, que permaneceram sendo calculados com base nos juros aplicados à caderneta de poupança. 7. Remessa oficial e apelação desprovidas. (Apelação/Reexame Necessário n. 29675/PE (0019225-44.2009.4.05.8300), 3ª Turma do TRF da 5ª Região, Rel. Luiz Alberto Gurgel. j. 23.01.2014, unânime, DJe 06.02.2014).

1 — Afirma que foi reconhecida a união estável entre o homem e a mulher como entidade familiar. E que esta convivência restou devidamente demonstrada por meio de documentação existente nos autos. No Tomo I são apresentadas aproximadamente 76 possíveis provas da união estável.

Por aí se demonstra a vulnerabilidade do que é a união estável e a sua enorme dificuldade em ser provada.

2 — O relacionamento existente entre a demandante e o instituidor do benefício não se apresentava como adulterino.

Como se depreende dos termos desta decisão, ela foi elaborada em estrita consonância com a norma positivada. A normatividade e a busca pelo silogismo lógico-formal para a concessão do direito é evidente. Demonstra-se aqui e também em outras decisões o apego ao formalismo jurídico. Raramente decisões fundamentadas em princípios são adotadas. O termo "adulterino" se faz presente, denotando o aspecto moralista e conservador da decisão.

Decisão judicial:

(TREGO-0004938) RECURSO CONTRA EXPEDIÇÃO DE DIPLOMA. ELEIÇÕES DE 2016. PRELIMINARES: INADEQUAÇÃO DA VIA ELEITA; INOBSERVÂNCIA DO RITO; INTEMPESTIVIDADE DAS ALEGAÇÕES FINAIS. MÉRITO: VEREADORA ELEITA. INELEGIBILIDADE REFLEXA. SUPOSTA UNIÃO ESTÁVEL COM O IRMÃO DA PREFEITA. ART. 14, § 7º, DA CONSTITUIÇÃO FEDERAL. NÃO COMPROVAÇÃO DA EFETIVA UNIÃO ESTÁVEL. 1. A inelegibilidade fundada no art. 14, § 7º, da Constituição Federal pode ser arguida em recurso contra expedição de diploma, por se tratar de inelegibilidade de natureza constitucional. Precedentes TSE (AI n. 3632/SP, Rel. Min. Fernando Neves, de 17.12.2002). 2. A apresentação intempestiva de alegações finais é uma mera irregularidade, que não traz prejuízo processual, sendo esse prazo considerado pela jurisprudência como impróprio. 3. A ausência de prova da existência de união estável entre a recorrida e o irmão da titular do Poder Executivo local durante o seu mandato afasta a incidência da inelegibilidade reflexa prevista no art. 14, § 7º, da Constituição Federal. 4. PEDIDO JULGADO IMPROCEDENTE. (Recurso contra Expedição de Diploma n. 29491, TRE/GO, Rel. Zacarias Neves Coêlho. j. 23.07.2018, unânime, DJ 30.07.2018).

É realizada a análise desta decisão com o objetivo de enfatizar a questão da prova na união estável. Como exaustivamente demonstrado no Tomo I, pela enorme subjetividade e amplas possibilidades de sua aferição, continua a apontar como solução definitiva, para efeitos legais, a sua formalização como será comentado na Parte III, item 29.

2. *União Estável — Lei n. 9.278/1996*

Regula o § 3º do art. 226 da Constituição Federal.

Art. 1º É reconhecida como entidade familiar a convivência duradoura, pública e contínua de um homem e uma mulher, estabelecida com objetivo de constituição de família.

Art. 2º São direitos e deveres iguais dos conviventes:

§ 3º Para efeito da proteção do Estado, é reconhecida a união estável entre o homem e a mulher como entidade familiar, devendo a lei facilitar sua conversão em casamento.

[...]

II — assistência moral e material recíproca;

III — guarda, sustento e educação dos filhos comuns.

Comentários já efetuados no tópico da Constituição Federal.

Decisão judicial:

(TJPR-0728430) Agravo de Instrumento. Ação de reconhecimento e dissolução de união estável cumulada com pedido de alimentos. Decisão que fixou alimentos provisórios em favor da parte autora. Prescrição. Ação pessoal que deve ser proposta no prazo prescricional de dez anos. Art. 205 do Código Civil. Não cabimento neste momento processual. Necessidade de instrução probatória. Prazos do pretenso relacionamento que não são incontroversos. Prestação de alimentos à autora que não pode ser imposta pautada na existência de filho. Requisitos da união estável. Convivência duradoura e pública com intuito de constituir família. Precedentes. Ausência de prova mínima quanto ao que foi alegado. Impossibilidade de manutenção dos alimentos em decorrência da ausência de substrato fático que o justifique. 1. "A lei não exige tempo mínimo nem convivência sob o mesmo teto, mas não dispensa outros requisitos para identificação da união estável como entidade ou núcleo familiar, quais sejam: convivência duradoura e pública, ou seja, com notoriedade e continuidade, apoio mútuo, ou assistência mútua, intuito de constituir família, com os deveres de guarda, sustento e de educação dos filhos comuns, se houver, bem como os deveres de lealdade e respeito" (STJ, REsp 1194059/SP, Rel. Ministro MASSAMI UYEDA, TERCEIRA TURMA, julgado em 06.11.2012, DJe 14.11.2012). 2. Recurso conhecido e parcialmente provido. (Processo n. 1608954-8, 12ª Câmara Cível do TJPR, Rel. Luciano Carrasco Falavinha Souza. unânime, DJ 28.07.2017).

A falta de especificações legais mínimas para a caracterização da união estável gera a arbitrariedade das decisões. Ao admitir que "a lei não exige tempo mínimo nem convivência sob o mesmo teto, mas não dispensa outros requisitos para identificação da união estável como entidade ou núcleo familiar" expõe uma decisão de cunho pessoal, cultural e moral, não sendo nem estritamente normativista nem tampouco identificada com a realidade social. Existem outras decisões em que a convivência sob o mesmo teto é condição prévia.

As demais fundamentações voltam ao campo seguro da formalidade e, assim, alheia ao mundo real.

Art. 8º Os conviventes poderão de comum acordo e a qualquer tempo, requerer a conversão da união estável em casamento, por requerimento ao Oficial do Registro Civil da Circunscrição de seu domicílio.

Puramente procedimental.

Decisão judicial:

(STJ-0829417) PROCESSUAL CIVIL E CIVIL. FAMÍLIA. AÇÃO DE CONVERSÃO DE UNIÃO ESTÁVEL EM CASAMENTO. OBRIGATORIEDADE DE FORMULAÇÃO EXCLUSIVAMENTE PELA VIA ADMINISTRATIVA. INEXISTÊNCIA. CONVERSÃO PELA VIA JUDICIAL. POSSIBILIDADE. VI. O PROPÓSITO RECURSAL É RECONHECER A EXISTÊNCIA DE INTERESSE DE AGIR PARA A PROPOSITURA DE AÇÃO DE CONVERSÃO DE UNIÃO ESTÁVEL EM CASAMENTO, CONSIDERANDO A POSSIBILIDADE DE TAL PROCEDIMENTO SER EFETUADO EXTRAJUDICIALMENTE. VII. Os arts. 1.726, do CC e 8º, da Lei n. 9.278/96 não impõem a obrigatoriedade de que se formule pedido de conversão de união estável em casamento exclusivamente pela via administrativa. VIII. A interpretação sistemática dos dispositivos à luz do art. 226, § 3º, da Constituição Federal confere a possibilidade de que as partes elejam a via mais conveniente para o pedido de conversão de união estável em casamento. IX. Recurso especial conhecido e provido. (Recurso Especial n. 1.685.937/RJ (2016/0264513-2), 3ª Turma do STJ, Rel. Nancy Andrighi. DJe 22.08.2017).

A interpretação sistemática dos dispositivos à luz do art. 226, § 3º, da Constituição Federal confere a possibilidade de que as partes elejam a via mais conveniente para o pedido de conversão de união estável em casamento. Aplicação direta da lei.

3. Código Civil — Lei n. 10.406/2002

Título III — Da União Estável.

Art. 1.723. É reconhecida como entidade familiar a união estável entre o homem e a mulher, configurada na convivência pública, contínua e duradoura e estabelecida com o objetivo de constituição de família.

Parágrafo 1º A união estável não se constituirá se ocorrerem os impedimentos do art. 1.521; não se aplicando a incidência do inciso VI no caso de a pessoa casada se achar separada de fato.

Parágrafo 2º As causas suspensivas do art. 1.523 não impedirão a caracterização da união estável, na forma do seu parágrafo único.

Parágrafo 3º Poderá ser reconhecida a união estável diante dos efeitos do art. 1.576.

Conceitos caducos que não refletem a realidade da família do nosso tempo.

Decisão judicial:

(STJ-0511600) CIVIL. FAMÍLIA. RECURSO ESPECIAL. PRETENSÃO DE HABILITAÇÃO PARA O CASAMENTO CIVIL DE PESSOAS DO MESMO SEXO. ART. 1.723 DO CC/02. POSSIBILIDADE. PRINCÍPIOS CONSTITUCIONAIS DA DIGNIDADE DA PESSOA HUMANA, DA IGUALDADE, DA LIBERDADE, DA INTIMIDADE, DA AUTODETERMINAÇÃO E DO LIVRE PLANEJAMENTO FAMILIAR AUTORIZAM O RECONHECIMENTO DA UNIÃO CONTÍNUA, PÚBLICA E DURADOURA DE PESSOAS DO MESMO SEXO COMO ENTIDADE FAMILIAR. PRECEDENTES DO STJ E DO STF. PRECEDENTE DO STF COM EFEITO VINCULANTE QUE APLICA ÀS UNIÕES HOMOAFETIVAS O MESMO REGIME JURÍDICO APLICÁVEL À UNIÃO ESTÁVEL ENTRE PESSOAS DE GÊNERO DISTINTO. RECURSO ESPECIAL PROVIDO. (Recurso Especial n. 1.428.849/RJ (2013/0419860-0), 4ª Turma do STJ, Rel. Moura Ribeiro. j. 19.03.2015, DJe 27.03.2015).

Decisão que contraria o preceito "da união estável entre o homem e a mulher". Fundamentada em princípios e não na pura normatividade. É uma demonstração de adequação à realidade social e o reconhecimento da capacidade e autodeterminação das pessoas.

Art. 1.726. A união estável poderá converter-se em casamento, mediante pedido dos companheiros ao juiz e assento no Registro Civil.

Decisão judicial

STJ — Recurso Especial.

Afirma que tampouco a coabitação, por si, evidencia a constituição de uma união estável (ainda que possa vir a constituir, no mais das vezes, um relevante indício), especialmente se considerada a particularidade dos autos, em que as partes, por contingências e interesses particulares (ele, a trabalho; ela, pelo estudo) foram, em momentos distintos, para o exterior, e, como namorados que eram não hesitaram em residir conjuntamente. Este comportamento, é certo, revela-se absolutamente usual nos tempos atuais, impondo-se ao Direito, longe das críticas e dos estigmas, adequar-se à realidade social. 3. Da análise acurada dos autos, tem-se que as partes litigantes, no período imediatamente anterior à celebração de seu matrimônio (de janeiro de 2004 a setembro de 2006), não vivenciaram uma união estável, mas sim um namoro qualificado, em que, em virtude do estreitamento do relacionamento projetaram para o futuro — e não para o presente —, o propósito de constituir uma entidade familiar, desiderato que, posteriormente, veio a ser concretizado com o casamento. 4. Afigura-se relevante anotar que as partes, embora pudessem não se valeram, tal como sugere a demandante, em sua petição inicial, do instituto da conversão da união estável em casamento, previsto no art. 1.726 do Código Civil. Não se trata de renúncia como, impropriamente, entendeu o voto condutor que julgou o recurso de apelação na origem. Cuida-se, na verdade, de clara manifestação de vontade das partes de, a partir do casamento, e não antes, constituir a sua própria família. A celebração do casamento, com a eleição do regime de comunhão parcial de bens, na hipótese dos autos, bem explicita o termo a partir do qual os então namorados/noivos, maduros que eram, entenderam por bem consolidar, consciente e voluntariamente, a relação amorosa vivenciada para constituir, efetivamente, um núcleo familiar, bem como comunicar o patrimônio haurido. A cronologia do relacionamento pode ser assim resumida: namoro, noivado e casamento. E, como é de sabença, não há repercussão patrimonial decorrente das duas primeiras espécies de relacionamento. 4.1 No contexto dos autos, inviável o reconhecimento da união estável compreendida, basicamente, nos dois anos anteriores ao casamento, para o único fim de comunicar o bem então adquirido exclusivamente pelo requerido. Aliás, a aquisição de apartamento, ainda que tenha se destinado à residência dos então namorados, integrou, inequivocamente, o projeto do casal de, num futuro próximo, constituir efetivamente a família por meio do casamento. Daí, entretanto, não advém à namorada/noiva direito à meação do referido bem. 5. Recurso especial provido, na parte conhecida. Recurso especial adesivo prejudicado. (Recurso Especial n. 1.454.643/RJ (2014/0067781-5), 3ª Turma do STJ, Rel. Marco Aurélio Bellizze, j. 03.03.2015, DJe 10.03.2015).

Decisão que proclama a superioridade do casamento sobre qualquer outra relação familiar. Segue o protótipo das decisões ultraconservadoras e alheias ao dinamismo da sociedade.

Art. 1.727. As relações não eventuais entre o homem e a mulher, impedidos de casar, constituem concubinato.

O recurso extraordinário a seguir comentado, quando do julgamento no Superior Tribunal Federal, põe em xeque a preconceituosa instituição do concubinato.

RE 883168

Trata-se de recurso extraordinário em que se discute a possibilidade de o concubinato de longa duração gerar efeitos previdenciários.

Em primeiro lugar é de se lamentar que na mais alta instância jurídica do país o tema concubinato ainda esteja na pauta, ainda seja objeto de discussão.

Em segundo lugar, embora continue sendo lamentável, entende-se que se esta discussão ainda tenha o poder de alimentar debates apaixonados é pela força da influência do direito canônico em nosso ordenamento jurídico, via a sacramentalização do casamento e também a uma sociedade patriarcal, conservadora, que remonta aos idos da casa-grande e da senzala.

Como, na realidade, o cerne do mérito deste recurso é a questão da monogamia, não custa relembrar que ela não apareceu na história como uma reconciliação entre o homem e a mulher e, menos ainda, como a forma mais elevada de matrimônio.

Pelo contrário, ela surge sob a forma de escravização de um sexo pelo outro.

Engels já afirmava que o primeiro antagonismo de classes que apareceu na história coincide com o desenvolvimento do antagonismo entre o homem e a mulher, na monogamia.

Assim, analisar a fundamentação apresentada neste recurso, validada pelas citações de renomados doutrinadores, mas todas sob o viés positivista do Direito de Família é tarefa inócua. Pois ele foi criado justamente para manter a supremacia do homem sobre a mulher, via o matrimônio monogâmico, e por tabela garantir o patrimônio da família, digamos daquela principal e central. Pergunta: e a família "lateral" não é também família?

Portanto, por este prisma, com certeza será decidido que o concubinato, não importa se de longa, média ou curta duração, não poderá gerar efeito previdenciário.

Deste modo, só servirá para corroborar a hipócrita reinante em nossa sociedade.

Entende-se, no entanto, que a discussão deva ser colocada em outro patamar.

O que se deve discutir é se o direito de família vigente reflete a realidade social. Se este direito de família compreende as enormes mutações ocorridas em nossa sociedade. Se os nossos legisladores, doutrinadores e juristas compreendem que não é o direito que cria a vida social, mas é a realidade das relações familiares que cria o direito.

Assim, não seria o caso de se tentar mascarar a realidade e buscar encontrar uma maneira de equiparar o "concubinato" à "união estável", como uma forma de parecer "sensível" aos anseios da sociedade.

Só por meio de uma visão de emancipação humana e contra o discurso ideológico da monogamia como base da família ideal, é que poderá ocorrer uma decisão humanista e favorável a uma ampla concessão de direitos e não apenas os previdenciários.

A decisão que emergirá do julgamento deste recurso será uma importante sinalização dos caminhos que o Direito de Família irá trilhar.

QUESTÃO PATRIMONIAL

Neste tópico serão abordados temas exclusivamente patrimoniais.

1. Lei n. 8.971/1994

Esta lei disciplina a questão patrimonial e alimentar dos companheiros.

Pessoas abaixo referidas: (Art. 1º A companheira comprovada de um homem solteiro, separado judicialmente, divorciado ou viúvo, que com ele viva há mais de cinco anos, ou dele tenha prole, poderá valer-se do disposto na Lei n. 5.478, de 25 de julho de 1968, enquanto não constituir nova união e desde que prove a necessidade).

(Parágrafo único. Igual direito e nas mesmas condições é reconhecido ao companheiro de mulher solteira, separada judicialmente, divorciada ou viúva).

> Art. 2º As pessoas referidas no artigo anterior participarão da sucessão do(a) companheiro(a) nas seguintes condições:
>
> I — o(a) companheiro(a) sobrevivente terá direito enquanto não constituir nova união, ao usufruto de quarta parte dos bens do "de cujus", se houver filhos deste ou comuns;
>
> II — o(a) companheiro(a) sobrevivente terá direito, enquanto não constituir nova união, ao usufruto da metade dos bens do "de cujus", se não houver filhos, embora sobrevivam ascendentes;
>
> III — na falta de descendentes e de ascendentes, o(a) companheiro(a) sobre-vivente sobrevivente terá direito à totalidade da herança.
>
> Art. 3º Quando os bens deixados pelo(a) autor(a) da herança resultarem de atividade em que haja colaboração do(a) companheiro, terá o sobrevivente direito à metade dos bens.

1 — Entende-se que é uma lei que não atende à realidade das formações familiares existentes. É uma lei que poderia ser plenamente substituída pelas disposições de um acordo particular entre os membros de uma relação familiar.

Além do que, ao estabelecer a condição "enquanto não constituir nova união" para a obtenção de alimentos e se habilitar ao processo sucessório, demonstra-se seu desrespeito pela liberdade do ser humano em reconstituir suas relações afetivas.

E remete ao conceito preconceituoso do "concubinato".

Recentes decisões de tribunais superiores a tornam obsoleta. Portanto, não serão efetuados maiores comentários.

No entanto, há decisões que não a interpretam formalmente.

Para efeito de apontar decisões que levam em conta a realidade social das pessoas e fogem do normativismo jurídico, é importante registrar a decisão da juíza Amini Haddad Campos da 1ª Vara de Família de Cuiabá, entendendo que a relação de "concubinato" pode ser equiparada ao casamento e garantir a partilha dos bens constituídos durante o relacionamento. Na linha adotada neste livro, esta sentença amplia o conceito de família e reconhece que além da formação da família tradicional, "protegida" pela Constituição Federal, existem outras diversas realidades humanas que também precisam ser atendidas.

Esta sentença confirma a tese aqui adotada de que nas decisões judiciais não é obrigatório o apego à lógica-formal, pois há espaço para decisões que atentem para a realidade social e, portanto, "não podem ser excluídas da percepção de justiça a que fazem jus".

2. União estável — Lei n. 9.278/1996

Regula o § 3º do art. 226 da Constituição Federal.

Art. 5º Os bens móveis e imóveis adquiridos por um ou por ambos os conviventes, na constância da união estável e a título oneroso, são consideradas fruto do trabalho e da colaboração comum, passando a pertencer a ambos, em condomínio e em partes iguais, salvo estipulação contrária em contrato escrito.

§ 1º Cessa a presunção do caput deste artigo se a aquisição patrimonial ocorrer com o produto de bens adquiridos anteriormente ao início da união.

§ 2º A administração do patrimônio comum dos conviventes compete a ambos, salvo estipulação contrária em contrato escrito.

Explicitamente admite a sua ineficácia ao dispor que novas disposições legais poderão ocorrer se houver "estipulação contrária em contrato escrito".

Este artigo é interessante, pois o legislador admite a preponderância do acordado entre as partes numa relação familiar em relação à norma positivada.

E conforme a tese levantada neste livro, o Acordo de Relacionamento Pessoal, que apresentamos na Parte III, é um equivalente a tudo que está normatizado com a vantagem de que variadas cláusulas, conforme os interesses dos acordantes, poderão dele fazer parte.

É uma admissão da supremacia da emancipação humana, ou seja, na capacidade das pessoas dirigirem o seu próprio destino sem a tutela de uma lei. Pois é expressamente isto que diz este artigo.

Decisão judicial:

(TJRJ-0388742) APELAÇÃO CÍVEL. AÇÃO DE COBRANÇA. DISSOLUÇÃO DE UNIÃO ESTÁVEL. BENS IMÓVEIS ADQUIRIDOS NA CONSTÂNCIA DA UNIÃO. OCUPAÇÃO EXCLUSIVA DO IMÓVEL PELO RÉU, COMPROVADA APÓS TÉRMINO DA UNIÃO ESTÁVEL. A UTILIZAÇÃO EXCLUSIVA DO IMÓVEL SUBMETIDO AO REGIME CONDOMINIAL, SEM A ANUÊNCIA DO COPROPRIETÁRIO, ENSEJA O DEVER DE INDENIZAR, A TEOR DOS ARTIGOS 1.319 E SEGUINTES, DO CÓDIGO CIVIL. OBRIGAÇÃO DO RÉU DE PAGAR À AUTORA METADE DO VALOR LOCATÍCIO APURADO, DESCONTANDO-SE O VALOR DO ALUGUEL DO IMÓVEL POR ELA OCUPADO. ACERTO DA SENTENÇA DE PROCEDÊNCIA. DESPROVIMENTO DO RECURSO. (Apelação n. 0045078-91.2014.8.19.0205, 9ª Câmara Cível do TJRJ, Rel. Luiz Felipe Miranda de Medeiros Francisco. j. 16.05.2017, Publ. 18.05.2017).

Segue o padrão da maioria das decisões, ou seja, uma interpretação lógica-formal.

3. Código Civil — Lei n. 10.406/2002

Art. 1.725. Na união estável, salvo contrato escrito entre os companheiros, aplica-se às relações patrimoniais, no que couber, o regime da comunhão parcial de bens.

Conforme já comentado em outros artigos, é mais uma admissão de que o contratado entre as partes é o que realmente deve prevalecer.

Decisão judicial:

(STJ-0951583) RECURSO ESPECIAL. AÇÃO DE NULIDADE DE ESCRITURA PÚBLICA C.C. CANCELAMENTO DE REGISTRO DE IMÓVEIS. 1. ALIENAÇÃO DE BENS IMÓVEIS ADQUIRIDOS DURANTE A CONSTÂNCIA DA UNIÃO ESTÁVEL. ANUÊNCIA DO OUTRO CONVIVENTE. OBSERVÂNCIA. INTERPRETAÇÃO DOS ARTS. 1.647, I, E 1.725 DO CÓDIGO CIVIL. 2. NEGÓCIO JURÍDICO REALIZADO SEM A AUTORIZAÇÃO DE UM DOS COMPANHEIROS. NECESSIDADE DE PROTEÇÃO DO TERCEIRO DE BOA-FÉ EM RAZÃO DA INFORMALIDADE INERENTE AO INSTITUTO DA UNIÃO ESTÁVEL. 3. CASO CONCRETO. AUSÊNCIA DE CONTRATO DE CONVIVÊNCIA REGISTRADO EM CARTÓRIO, BEM COMO DE COMPROVAÇÃO DA MÁ-FÉ DOS ADQUIRENTES. MANUTENÇÃO DOS NEGÓCIOS JURÍDICOS QUE SE IMPÕE, ASSEGURANDO-SE, CONTUDO, À AUTORA O DIREITO DE PLEITEAR PERDAS E DANOS EM AÇÃO PRÓPRIA. 4. RECURSO ESPECIAL DESPROVIDO. 1. Revela-se indispensável a autorização de ambos os conviventes para alienação de bens imóveis adquiridos durante a constância da união estável, considerando o que preceitua o art. 5º da Lei n. 9.278/1996, que estabelece que os referidos bens pertencem a ambos, em condomínio e em partes iguais, bem como em razão da aplicação das regras do regime de comunhão parcial de bens, dentre as quais se insere a da outorga conjugal, a teor do que dispõem os arts. 1.647, I, e 1.725, ambos do Código Civil, garantindo-se, assim, a proteção do patrimônio da respectiva entidade familiar. 2. Não obstante a necessidade de outorga convivencial, diante das peculiaridades próprias do instituto da união estável, deve-se observar a necessidade de proteção do terceiro de boa-fé, porquanto, ao contrário do que ocorre no regime jurídico do casamento, em que se tem um ato formal (cartorário) e solene, o qual confere ampla publicidade acerca do estado civil dos contratantes, na união estável há preponderantemente uma informalidade no vínculo entre os conviventes, que não exige qualquer documento, caracterizando-se apenas pela convivência pública, contínua e duradoura. 3. Na hipótese dos autos, não havia registro imobiliário em que inscritos os imóveis objetos de alienação em relação à copropriedade ou à existência de união estável, tampouco qualquer prova de má-fé dos adquirentes dos bens, circunstância que impõe o reconhecimento da validade dos negócios jurídicos celebrados, a fim de proteger o terceiro de boa-fé, assegurando-se à autora/recorrente o direito de buscar as perdas e danos na ação de dissolução de união estável c. c partilha, a qual já foi, inclusive, ajuizada. 4. Recurso especial desprovido. (Recurso Especial n. 1.592.072/PR (2016/0071229-3), 3ª Turma do STJ, Rel. Marco Aurélio Bellizze. DJe 18.12.2017).

Remete, mais uma vez, a união estável ao âmbito contratual.

Pelas reiteradas remissões ao contrato, depreende-se destas decisões que a união estável ou qualquer outra forma de família a ser constituída passa pelo conceito da emancipação humana a ser plenamente manifestada em um Acordo de Relacionamento Pessoal.

Livro V — Do Direito das Sucessões.

Título I — Da Sucessão em Geral.

Art. 1.790. A companheira ou o companheiro participará da sucessão do outro, quanto aos bens adquiridos onerosamente na vigência da união estável, nas condições seguintes:

I — se concorrer com filhos comuns terá direito a uma quota equivalente à que por lei for atribuída ao filho;

II — se concorrer com descendentes só do autor da herança, tocar-lhe-á a metade do que couber a cada um daqueles;

III — se concorrer com outros parentes sucessíveis terá direito a um terço da herança;

IV — não havendo parentes sucessíveis, terá direito à totalidade da herança.

Veja-se a decisão judicial a seguir.

Decisão judicial

(STF-0107734) DIREITO CONSTITUCIONAL E CIVIL. RECURSO EXTRAORDINÁRIO. REPERCUSSÃO GERAL. APLICAÇÃO DO ARTIGO 1.790 DO CÓDIGO CIVIL À SUCESSÃO EM UNIÃO ESTÁVEL HOMOAFETIVA. INCONSTITUCIONALIDADE DA DISTINÇÃO DE REGIME SUCESSÓRIO ENTRE CÔNJUGES E COMPANHEIROS. 1. A Constituição brasileira contempla diferentes formas de família legítima, além da que resulta do casamento. Nesse rol incluem-se as famílias formadas mediante união estável, hetero ou homoafetivas. O STF já reconheceu a "inexistência de hierarquia ou diferença de qualidade jurídica entre as duas formas de constituição de um novo e autonomizado núcleo doméstico", aplicando-se à união estável entre pessoas do mesmo sexo as mesmas regras e mesmas consequências da união estável heteroafetiva (ADI 4277 e ADPF 132, Rel. Min. Ayres Britto, j. 05.05.2011) 2. Não é legítimo desequiparar, para fins sucessórios, os cônjuges e os companheiros, isto é, a família formada pelo casamento e a formada por união estável. Tal hierarquização entre entidades familiares é incompatível com a Constituição de 1988. Assim sendo, o art. 1.790 do Código Civil, ao revogar as Leis n. 8.971/1994 e n. 9.278/1996 e discriminar a companheira (ou o companheiro), dando-lhe direitos sucessórios bem inferiores aos conferidos à esposa (ou ao marido), entra em contraste com os princípios da igualdade, da dignidade humana, da proporcionalidade como vedação à proteção deficiente e da vedação do retrocesso. 3. Com a finalidade de preservar a segurança jurídica, o entendimento ora firmado é aplicável apenas aos inventários judiciais em que não tenha havido trânsito em julgado da sentença de partilha e às partilhas extrajudiciais em que ainda não haja escritura pública. 4. Provimento do recurso extraordinário. Afirmação, em repercussão geral, da seguinte tese: "No sistema constitucional vigente, é inconstitucional a distinção de regimes sucessórios entre cônjuges e companheiros, devendo ser aplicado, em ambos os casos, o regime estabelecido no art. 1.829 do CC/2002". (Recurso Extraordinário n. 646721/RS, Tribunal Pleno do STF, Rel. Marco Aurélio. j. 10.05.2017, maioria, DJe 11.09.2017).

Afirma a inconstitucionalidade da distinção de regime sucessório entre cônjuges e companheiros.

É a típica aplicação do conceito de socialismo jurídico em que o Estado "concede" um direito. Assim sendo, ela acontece aos poucos e de forma seletiva, de acordo com as conveniências do momento, tanto que se restringiu ao direito sucessório.

De qualquer modo, pela importância da decisão e para tentar entender esta estrita aplicação, enfatizam-se alguns trechos desta decisão.

Afirma que a diferenciação de regimes entre casamento e união estável somente poderia ser considerada legítima caso não resultasse na hierarquização de uma entidade familiar em relação à outra. Subtende-se, então, que se baseada em circunstâncias inerentes às peculiaridades de cada tipo de entidade familiar, a diferenciação seria possível.

Este entendimento contraria o art. 226 da Constituição Federal, que ao "permitir" a conversão da união estável em casamento, na realidade promoveu um duplo efeito: a diferenciação e a hierarquização entre eles.

Assim, a preocupação é sempre de cunho patrimonial e esquece-se das demais implicações das relações familiares, retardando a construção de um Direito de Família capaz de responder afirmativamente aos conflitos e anseios da sociedade.

Nesta linha de entendimento, enfatizando a inconstitucionalidade do art. 1.790 e a aplicação do art. 1.829 do Código Civil.

Decisão judicial:

(STJ-1169012) RECURSO ESPECIAL. DIREITO CIVIL. SUCESSÃO. INVENTÁRIO. UNIÃO ESTÁVEL. CONCORRÊNCIA HÍBRIDA. FILHOS COMUNS E EXCLUSIVOS. ART. 1.790, INCISOS I E II, DO CC/2002. INCONSTITUCIONALIDADE DECLARADA PELO STF. APLICAÇÃO AO CÔNJUGE OU CONVIVENTE SUPÉRSTITE DO ART. 1.829, INCISO I, DO CC/2002. DOAÇÃO. AUSÊNCIA DE PREQUESTIONAMENTO. INEXISTÊNCIA DE RECONHECIMENTO DA VIOLAÇÃO DA METADE DISPONÍVEL. SÚMULAS NS. 282/STF E 7/STJ. 1. Controvérsia em torno da fixação do quinhão hereditário a que faz jus a companheira, quando concorre com um filho comum e, ainda, outros seis filhos exclusivos do autor da herança. 2. O Supremo Tribunal Federal, sob a relatoria do e. Min. Luís Roberto Barroso, quando do julgamento do RE 878.694/MG, reconheceu a inconstitucionalidade do art. 1.790 do CCB tendo em vista a marcante e inconstitucional diferenciação entre os regimes sucessórios do casamento e da união estável. 3. Insubsistência da discussão do quanto disposto nos incisos I e II do art. 1.790, do CCB, acerca do quinhão da convivente — se o mesmo que o dos filhos (desimportando se comuns ou exclusivos do falecido) —, pois declarado inconstitucional, reconhecendo-se a incidência do art. 1.829 do CCB. 4. "Nos termos do art. 1.829, I, do Código Civil de 2002, o cônjuge sobrevivente, casado no regime de comunhão parcial de bens, concorrerá com os descendentes do cônjuge falecido somente quando este tiver deixado bens particulares. A referida concorrência dar-se-á exclusivamente quanto aos bens particulares constantes do acervo hereditário do *de cujus*." (REsp 1368123/SP, Rel. Ministro SIDNEI BENETI, Rel. p/Acórdão Ministro RAUL ARAÚJO, SEGUNDA SEÇÃO, julgado em 22.04.2015, DJe 08.06.2015) 5. Necessária aplicação do direito à espécie, pois, reconhecida a incidência do art. 1.829, I, do CCB e em face da aplicação das normas sucessórias relativas ao casamento, aplicável o art. 1.832 do CCB, cuja análise deve ser, de pronto, realizada por esta Corte Superior, notadamente em face da quota mínima estabelecida ao final do referido dispositivo em favor do cônjuge (e agora companheiro), de 1/4 da herança, quando concorre com seus descendentes. 6. A interpretação mais razoável do enunciado normativo do art. 1.832 do Código Civil é a de que a reserva de 1/4 da herança restringe-se à hipótese em que o cônjuge ou companheiro concorrem com os descendentes comuns. Enunciado n. 527 da Jornada de Direito Civil. 7. A interpretação restritiva dessa disposição legal assegura a igualdade entre os filhos, que dimana do Código Civil (art. 1.834 do CCB) e da própria Constituição Federal (art. 227, § 6º, da CF), bem como o direito dos descendentes exclusivos não verem seu patrimônio injustificadamente reduzido mediante interpretação extensiva de norma. 8. Não haverá falar em reserva quando a concorrência se estabelece entre o cônjuge/companheiro e os descendentes apenas do autor da herança ou, ainda, na hipótese de concorrência híbrida, ou seja, quando concorrem descendentes comuns e exclusivos do falecido. 9. Especificamente na hipótese de concorrência híbrida o quinhão hereditário do consorte há de ser igual ao dos descendentes. 10. RECURSO ESPECIAL PARCIALMENTE PROVIDO. (Recurso Especial n. 1.617.501/RS (2016/0200912-6), 3ª Turma do STJ, Rel. Paulo de Tarso Sanseverino. j. 11.06.2019, DJe 01.07.2019).

4. Lei n. 13.144/2015

Altera o inciso III do art. 3º da Lei n. 8.009, de 29 de março de 1990, que disciplina o instituto do bem de família, para assegurar proteção ao patrimônio do novo cônjuge ou companheiro do devedor de pensão alimentícia.

Art. 1º O inciso III do art. 3º da Lei n. 8.009, de 29 de março de 1990, que dispõe sobre o bem de família, passa a vigorar com a seguinte redação:

Art. 3º. [...]

III — pelo credor da pensão alimentícia, resguardados os direitos, sobre o bem, do seu coproprietário que, com o devedor, integre união estável ou conjugal, observadas as hipóteses em que ambos responderão pela dívida;

Decisão judicial:

(TJDFT-0494142) CUMPRIMENTO DE SENTENÇA. RECONHECIMENTO E DISSOLUÇÃO DE UNIÃO ESTÁVEL. PARTILHA. PENHORA. ALUGUEL. IMÓVEL. BEM DE FAMÍLIA. I — A impenhorabilidade prevista na Lei n. 8.009/90 estende-se ao único imóvel do devedor, ainda que esteja locado a terceiros, por gerar frutos que possibilitam à família constituir moradia em outro bem alugado ou utilizar o valor obtido com a locação para complemento da renda familiar. II — Essa proteção não alcança aluguel de espaço para instalação de torre de telefonia. Mantida a decisão. III — Agravo de instrumento desprovido. (Processo n. 07190792520188070000 (1149686), 6ª Turma Cível do TJDFT, Rel. Vera Andrighi. j. 07.02.2019, DJe 15.02.2019).

Trata-se de proteção ao bem de família.

QUESTÃO ALIMENTAR

Neste tópico serão abordados temas exclusivamente alimentares.

1. Lei n. 8.971/1994

Esta lei disciplina a questão patrimonial e alimentar dos companheiros.

Art. 1º A companheira comprovada de um homem solteiro, separado judicialmente, divorciado ou viúvo, que com ele viva há mais de cinco anos, ou dele tenha prole, poderá valer-se do disposto na Lei n. 5.478, de 25 de julho de 1968, enquanto não constituir nova união e desde que prove a necessidade.

Parágrafo único. Igual direito e nas mesmas condições é reconhecido ao companheiro de mulher solteira, separada judicialmente, divorciada ou viúva.

2. União Estável — Lei n. 9.278/1996

Regula o § 3º do art. 226 da Constituição Federal.

Art. 7º Dissolvida a união estável por rescisão, a assistência material prevista nesta Lei será prestada por um dos conviventes ao que dela necessitar, a título de alimentos.

Parágrafo único. Dissolvida a união estável por morte de um dos conviventes, o sobrevivente terá direito real de habitação, enquanto viver ou não constituir nova união ou casamento, relativamente ao imóvel destinado à residência da família.

Refere-se à união estável pela ótica de um vínculo eminentemente contratual, pois rescisão é instituto de rompimento de contrato.

O direito aos alimentos entre os companheiros também é feito expressamente no Código Civil, no art. 1.694.

Decisão judicial:

(TJRS-0919021) APELAÇÃO CÍVEL. AÇÃO DE RECONHECIMENTO E DISSOLUÇÃO DE UNIÃO ESTÁVEL. ALIMENTOS. EX-CÔNJUGE. DEPENDÊNCIA ECONÔMICA. A obrigação alimentar entre ex-cônjuges é proveniente do dever de solidariedade (art. 1.694 do Código Civil) e de mútua assistência (art. 1.566, III, do CPC). De serem mantidos os alimentos, até ultimação da partilha, descabida a majoração do valor. PARTILHA DE BENS. O patrimônio adquirido onerosamente no período em que reconhecida a união estável deve ser dividido igualitariamente entre o casal. Ante a ausência de prova acerca das alegações do apelante, merece ser mantida a partilha na forma determinada na sentença. Apelação e recurso adesivo desprovidos, de plano. (Apelação Cível n. 70075014951, 7ª Câmara Cível do TJRS, Rel. Jorge Luís Dall'Agnol. j. 15.12.2017, DJe 18.12.2017).

Não há o que interpretar por ser uma aplicação de conceitos puramente técnicos e procedimentais. Fica apenas o seu registro para uma análise sob este aspecto positivista.

3. Código Civil — Lei n. 10.406/2002

Livro IV — Do Direito de Família

Título II — Do Direito Patrimonial.

Art. 1.708. Com o casamento, a união estável ou o concubinato do credor, cessa o dever de prestar alimentos.

Parágrafo único. Com relação ao credor cessa, também, o direito a alimentos, se tiver procedimento indigno em relação ao devedor.

Um artigo totalmente dissociado da realidade. Fala-se, ainda, em "concubinato" e "procedimento indigno". O ápice da hipocrisia e do moralismo latente em nossa sociedade foi plenamente atingido.

Decisão judicial:

(STJ-306330) RECURSO ESPECIAL. PEDIDO DE EXONERAÇÃO DO PAGAMENTO DE PRESTAÇÃO ALIMENTAR. ALEGAÇÃO DE UNIÃO CONCUBINÁRIA MANTIDA PELA CREDORA DOS ALIMENTOS. MATÉRIA RELEVANTE PARA O DESLINDE DA CONTROVÉRSIA, TENDO EM VISTA O DISPOSTO NO ART. 1.708 DO CÓDIGO CIVIL ATUAL. OMISSÃO CONFIGURADA. RECURSO PROVIDO. 1. Nos termos do art. 1.708 do Código Civil de 2002, cessa o dever de prestar alimentos com o casamento, a união estável ou o concubinato do credor. Nesse contexto, a análise da alegação do promovente no sentido de que a recorrida mantém relação concubinária há mais de sete anos é imprescindível para a apreciação de pedido de modificação de cláusulas com a exoneração do pagamento de pensão alimentícia. 2. A colenda Corte estadual, no entanto, deixou de se pronunciar sobre a matéria, tanto no acórdão da apelação como no proferido em sede de embargos de declaração, apesar de instada a fazê-lo, restando configurada a violação ao art. 535, II, do Estatuto Processual Civil. 3. Recurso especial conhecido e provido. (Recurso Especial n. 1226565/CE (2010/0227675-4), 4ª Turma do STJ, Rel. Raul Araújo. j. 14.06.2011, DJe 01.08.2011)

Alega a existência de "união concubinária". Espécie de punição pecuniária por estabelecer novas relações afetivas. Decisão que não observa as transformações da sociedade e assim tal qual a norma a que se submete, é conservadora e ultrapassada.

QUESTÃO GUARDA DOS FILHOS

Neste tópico serão abordados temas referentes à guarda dos filhos.

1. Código Civil — Lei n. 10.406/2002

Livro IV — Do Direito de Família

Título I — Do Direito Pessoal

Artigo 1.584. A guarda, unilateral ou compartilhada, poderá ser:

I — requerida, por consenso, pelo pai e pela mãe, ou por qualquer deles, em ação autônoma de separação, de divórcio, de dissolução de união estável ou em medida cautelar;

É o reconhecimento de que ser pai ou mãe independe da configuração familiar.

Decisão judicial:

(TJGO-075265) APELAÇÃO CÍVEL. AÇÃO DECLARATÓRIA DE RECONHECIMENTO E DISSOLUÇÃO DE UNIÃO ESTÁVEL C/C GUARDA E PENSÃO ALIMENTÍCIA. CERCEAMENTO DO DIREITO DE DEFESA. FILHOS MENORES. PRESERVAÇÃO DO BEM- -ESTAR E INTERESSES DAS CRIANÇAS. PARTILHA DE BENS. AUSÊNCIA DE PEDIDO NA PETIÇÃO INICIAL. 1. Compete ao Juiz na condição de destinatário final e imediato das provas, deferir ou indeferir a dilação das provas requeridas pelas partes, pelo que deve afastar aquelas desnecessárias, inúteis ou procrastinatórias. 2. Havendo disputa entre os pais pela guarda de filho menor, deverá a mesma ser atribuída a quem revelar melhores condições para exercê-la, conforme determinação do artigo 1.584 do Código Civil. 3. É inadmissível, em sede de contrarrazões, veicular pedido de reforma da sentença, já que tal ato processual destina-se unicamente à resposta da matéria deduzida em sede de insurgência recursal. 4. Não havendo pedido de partilha na petição inicial, não pode tal matéria ser enfrentada de ofício pelo Magistrado, sob pena de vulneração do princípio da inércia da jurisdição. APELO CONHECIDO E PARCIALMENTE PROVIDO. (Apelação Cível n. 593705-35.2008.8.09.0051 (200895937050), 6ª Câmara Cível do TJGO, Rel. Norival Santome. j. 28.08.2012, maioria, DJe 29.10.2012).

A falta de critério objetivo do que seja "melhores condições" deixa margem para o arbítrio e para manifestações preconceituosas contra a mulher.

Art. 1.631. Durante o casamento e a união estável, compete o poder familiar aos pais; na falta ou impedimento de um deles, o outro o exercerá com exclusividade.

Não se pode falar apenas em encargos a serem atribuídos em função das diferenças de sexo. Assim, então, o poder familiar é privativo e tem como titulares, no polo ativo, o pai e a mãe. Sendo o poder familiar função dos pais a ser exercida em benefício e no interesse do filho, não pode haver restrições quanto ao tipo de relação existente entre eles.

Deste modo, a primeira parte do *caput* fere o princípio constitucional da isonomia entre os filhos (art. 227, § 6º) ao estabelecer que a competência do poder familiar aos pais ocorrerá apenas durante o casamento e a união estável.

Parágrafo único. Divergindo os pais quanto ao exercício do poder familiar, é assegurado a qualquer deles recorrer ao juiz para solução do desacordo.

É o Estado interventor. Tal dissídio poderia ser resolvido por uma mediação extrajudicial.

Art. 1.632. A separação judicial, o divórcio e a dissolução da união estável não alteram as relações entre pais e filhos senão quanto ao direito, que aos primeiros cabe, de terem em sua companhia os segundos.

A efetividade do direito ao convívio familiar está garantida ao menor pelo art. 227 da Constituição Federal.

O direito do menor ao convívio familiar está amplamente previsto em nosso ordenamento jurídico. No entanto, esse direito nem sempre é efetivado, especialmente quando há a ruptura do vínculo afetivo entre os pais.

Normalmente, a única imposição ao genitor que não detém a guarda é a prestação alimentícia. Apesar do amparo constitucional dado ao menor, não há uma preocupação maior do poder judiciário com a ampla participação dos pais na educação do menor. Apegam-se essencialmente às questões alimentares e de visita.

Não acompanham os problemas sociais advindos do abandono material e afetivo dos pais. Mesmo estando a família sob a "proteção" do Estado.

Art. 1.636. O pai ou a mãe que contrai novas núpcias, ou estabelece união estável, não perde, quanto aos filhos do relacionamento anterior, os direitos ao poder familiar, exercendo-os sem qualquer interferência do novo cônjuge ou companheiro.

Parágrafo único. Igual preceito ao estabelecido neste artigo aplica-se ao pai ou à mãe solteiros que casarem ou estabelecerem união estável.

Mesmo entendimento dado ao art. 1.632.

QUESTÃO PESSOAL

Neste tópico serão abordados temas relativos à pessoa.

1. Código Civil — Lei n. 10.406/2002

Livro IV — Do Direito de Família

Título I — Do Direito Pessoal

Art. 1.562. Antes de mover a ação de nulidade do casamento, a de anulação, a de separação judicial, a de divórcio direto ou a de dissolução de união estável, poderá requerer a parte, comprovando sua necessidade, a separação de corpos, que será concedida pelo juiz com a possível brevidade.

A adoção de medidas protetivas, como a separação de corpos, nem sempre tem a celeridade requerida frente à gravidade da situação. São corriqueiras as agressões à mulher, fruto do predomínio do homem e neste sentido pode-se entender a morosidade e o descaso como muitas vezes este assunto é tratado.

Decisão judicial:

1 — TJPE-0114621 — AGRAVO DE INSTRUMENTO. PRELIMINAR DE LITISPENDÊNCIA AFASTADA. LEI MARIA DA PENHA. MEDIDA PROTETIVA. SEPARAÇÃO DE CORPOS. SAÍDA DO SUPOSTO AGRESSOR, DA RESIDÊNCIA DO CASAL. PERMANÊNCIA DA VÍTIMA COM OS FILHOS EM COMUM. MANUTENÇÃO DA DECISÃO DE PRIMEIRO GRAU. I — A causa de pedir na ação de separação de corpos reside na impossibilidade de coabitação do casal, por não haver mais interesse das partes em manter o vínculo conjugal, com fulcro no art. 1.562, CC; já na presente ação, a causa de pedir está na suposta prática de violência doméstica contra a mulher, encontrando guarida na lei Maria da Penha (Lei n. 11.340/2006). Arguição de litispendência afastada. II — A violência contra a mulher, na maioria das vezes, é cometida na intimidade do casal, dentro de sua residência, estando presentes apenas o agressor e a própria vítima. A produção da prova, destarte, é muito dificultosa. Não obstante, estando-se frente a uma situação de suposto abuso físico e psicológico, sendo evidente ao menos a impossibilidade de coabitação entre o casal, a separação de corpos é medida que se impõe. III — Observa-se o embate entre dois bens juridicamente tuteláveis: de um lado, a integridade física e psíquica da suposta vítima e de seus filhos e, de outro, a saúde financeira do suposto agressor. À luz das circunstâncias do presente caso, deve prevalecer a imprescindível tutela à integridade física e psíquica da agravada e de seus filhos, que deve permanecer na residência que foi do casal. IV — Agravo de instrumento não provido. (Agravo de Instrumento n. 0012044-81.2015.8.17.0000, 3ª Câmara Cível do TJPE, Rel. Bartolomeu Bueno, j. 11.08.2016, maioria, DJe 26.08.2016).

A causa de pedir na ação de separação de corpos reside na impossibilidade de coabitação do casal, por não haver mais interesse das partes em manter o vínculo conjugal, se fundamentada neste artigo.

Já na presente ação, a causa de pedir está na suposta prática de violência doméstica contra a mulher, encontrando guarida na Lei Maria da Penha (Lei n. 11.340/2006).

2 — TJPI-005143 — PROCESSO CIVIL E CIVIL. AGRAVO DE INSTRUMENTO. PRELIMINAR DE NULIDADE DA DECISÃO AGRAVADA POR AUSÊNCIA DE FUNDAMENTAÇÃO AFASTADA. PRESENTES OS REQUISITOS PARA A CONCESSÃO LIMINAR DA MEDIDA CAUTELAR DE SEPARAÇÃO DE CORPOS. DECISÃO LIMINAR MANTIDA. RECURSO CONHECIDO E IMPROVIDO. 1. Na forma do art. 1.562 do CC/2002, é perfeitamente cabível o casal, por um de seus pares, requerer a separação de corpos,

na união estável, antes da propositura da ação de dissolução de união estável. 2. Decisão que defere o pedido de afastamento de um dos companheiros do lar do casal, demonstrando a existência do *fumus boni juris* e do *periculum in mora*, atende, satisfatoriamente, ao impositivo de motivação judicial das decisões jurisdicionais. 3. Na colisão entre o dever de assistência, na união estável (art. 1.724 do CC) e a necessidade de separação de corpos também em matéria de união estável (art. 1.562 do CC), deve prevalecer a necessidade da separação de corpos do casal (art. 1.562 do CC), diante das circunstâncias do caso, no qual a Agravada vinha sendo vítima de violências verbais ou de ameaças de agressão física, o que torna insuportável a convivência familiar entre os companheiros. 4. A decisão liminar pelo afastamento do Agravante do lar conjugal observou os requisitos legais para a sua concessão, bem como estão presentes o *fumus boni iuris* e o *periculum in mora*. 5. Recurso conhecido e improvido. (Agravo de Instrumento n. 200900010013575, 3ª Câmara Especializada Cível do TJPI, Rel. Francisco Antônio Paes Landim Filho. j. 03.11.2010, unânime).

Na colisão entre o dever de assistência, na união estável (art. 1.724 do CC) e a necessidade de separação de corpos também em matéria de união estável (art. 1.562 do CC), deve prevalecer a necessidade da separação de corpos do casal (art. 1.562 do CC), diante das circunstâncias do caso, no qual a Agravada vinha sendo vítima de violências verbais ou de ameaças de agressão física, o que torna insuportável a convivência familiar entre os companheiros.

Este ambiente de violência doméstica é característico daquele em que a mulher depende economicamente do homem. Na economia capitalista, apesar das desigualdades ainda reinantes, abrem-se perspectivas novas para as mulheres.

Art. 1.595. Cada cônjuge ou companheiro é aliado aos parentes do outro pelo vínculo da afinidade.

§ 1º O parentesco por afinidade limita-se aos ascendentes, aos descendentes e aos irmãos do cônjuge ou companheiro.

§ 2º Na linha reta, a afinidade não se extingue com a dissolução do casamento ou da união estável.

Apenas registrado para efeito de consulta.

Art. 1.724. As relações pessoais entre os companheiros obedecerão aos deveres de lealdade, respeito e assistência, e de guarda, sustento e educação dos filhos.

Nada que um acordo entre as partes possa determinar.

Decisão judicial:

(STJ-0499684) RECURSO ESPECIAL. FAMÍLIA. UNIÃO ESTÁVEL. ESCRITURA PÚBLICA DE RECONHECIMENTO. ALIMENTOS. CLÁUSULA DE DISPENSA PRÉVIA. ALTERAÇÃO DA SITUAÇÃO FINANCEIRA NA CONSTÂNCIA DA UNIÃO. AÇÃO DE

ALIMENTOS AJUIZADA APÓS A DISSOLUÇÃO DO VÍNCULO. VIABILIDADE. IRRENUNCIABILIDADE DOS ALIMENTOS DEVIDOS NA CONSTÂNCIA DO VÍNCULO CONJUGAL. NULIDADE DA CLÁUSULA DE RENÚNCIA. RECURSO IMPROVIDO. Tendo as partes vivido em união estável por dez anos, estabelecendo no início do relacionamento, por escritura pública, a dispensa à assistência material mútua, a superveniência de moléstia grave na constância do relacionamento, reduzindo a capacidade laboral e comprometendo, ainda que temporariamente, a situação financeira da companheira, autoriza a fixação de alimentos após a dissolução da união. 2. Direito à assistência moral e material recíproca e dever de prestar alimentos expressamente previstos nos arts. 2º, II, e 7º da Lei 9.278/96 e nos arts. 1.694 e 1.724 do CC/2002. 3. São irrenunciáveis os alimentos devidos na constância do vínculo familiar (art. 1.707 do CC/2002). Não obstante considere-se válida e eficaz a renúncia manifestada por ocasião de acordo de separação judicial ou de divórcio, nos termos da reiterada jurisprudência do Superior Tribunal de Justiça, não pode ser admitida enquanto perdurar a união estável. 4. Reconhecida pelo eg. Tribunal *a quo* a necessidade da ex-companheira à percepção de alimentos em caráter transitório, assim como a capacidade contributiva do recorrente, a reforma do julgado quanto a estes aspectos mutáveis demandaria o reexame do conjunto fático-probatório, vedado na via do recurso especial (Súmula 7 do STJ). 5. Recurso especial parcialmente conhecido e improvido. (Recurso Especial n. 1.178.233/RJ (2010/0019872-2), 4ª Turma do STJ, Rel. Raul Araújo. j. 06.11.2014, DJe 09.12.2014).

Seria o caso da aplicação da mediação, fora do âmbito judicial, já que se trata de "relacionamento por escritura pública". A intervenção estatal tem que ser a menor possível e, de preferência, que sequer venha a correr. O empoderamento das partes dentro do instituto da mediação seria suficiente.

QUESTÃO PROCESSUAL

Tratam-se dos procedimentos processuais.

1. União Estável — Lei n. 9.278/1996

Regula o § 3º do art. 226 da Constituição Federal.

Art. 9º Toda a matéria relativa à união estável é de competência do juízo da Vara de Família, assegurado o segredo de justiça.

Puramente procedimental.

Como visto acima, a União Estável — Lei n. 9.278/1996 poderá ser perfeitamente substituída por qualquer contrato.

Com a vantagem de ampliação das disposições a serem acordadas sem a ingerência do Estado, sem a sua "proteção" e sem a submissão aos interesses religiosos, morais e sociais de qualquer natureza.

Esta é a tese que será detalhada na Parte III ao se referir ao Acordo de Relacionamento Pessoal.

O número deste processo não é divulgado em razão de segredo judicial. Fonte: STJ.

STJ — COABITAÇÃO POR DUAS SEMANAS NÃO SIGNIFICA ESTABILIDADE CAPAZ DE CARACTERIZAR UNIÃO ESTÁVEL

A Quarta Turma do Superior Tribunal de Justiça (STJ) definiu que o namoro de dois meses com coabitação de duas semanas não é suficiente para evidenciar a estabilidade de um relacionamento como união estável. Com esse entendimento, o colegiado deu provimento ao recurso especial do filho de um homem falecido para julgar improcedente o pedido de reconhecimento e dissolução da união estável da namorada do pai dele.

O recurso teve origem em uma ação ajuizada pela mulher contra o espólio e os três herdeiros do então namorado, com quem manteve relação de dois meses e coabitação de duas semanas, até o falecimento do homem, em 2013. Segundo ela, os dois já haviam marcado uma data para formalizar a união — o que não se concretizou em razão da morte do companheiro.

O pedido foi julgado procedente em primeiro grau e a apelação do herdeiro foi negada no Tribunal de Justiça de Mato Grosso do Sul, o qual considerou que o reconhecimento da união estável acontece independentemente do tempo, sendo necessário demonstrar a convivência duradoura com o intuito de constituição familiar.

Requisitos

O relator do recurso no STJ, ministro Luis Felipe Salomão, explicou que o legislador definiu união estável como entidade familiar "configurada na convivência pública, contínua e duradoura, e estabelecida com o objetivo de constituição de família", nos termos do art. 1.723 do Código Civil.

Ao citar as lições de Paulo Lôbo, o ministro destacou que "a união estável tem origem no elo efetivo dos companheiros, sendo ato-fato jurídico que não exige qualquer manifestação ou declaração de vontade para produzir efeitos, bastando-lhe a existência fática para que recaiam sobre ela as normas constitucionais e legais cogentes e supletivas para a conversão da relação fática em jurídica".

O ministro ressaltou que as normas, a doutrina e a jurisprudência vêm reconhecendo alguns requisitos essenciais para sua configuração: estabilidade; publicidade (*modus vivendi*); continuidade, e objetivo de constituição de família. Em seu voto, lembrou precedente da Terceira Turma segundo o qual é necessária a presença cumulativa desses requisitos.

"Somado a estes, há também os acidentais, como o tempo de convivência, a existência de filhos, a construção patrimonial em comum, a lealdade e a coabitação, que, apesar de serem prescindíveis (como já decidiu o Supremo Tribunal Federal, Súmula n. 382), possibilitam que o julgador tenha mais substrato para a recognição do formato de tal entidade", disse.

Estabilidade

Para o ministro, diante das dificuldades de delimitar as fronteiras entre namoro e a união de fato, deve-se adotar a técnica da ponderação, conforme o § 2º do art. 489 do Código de Processo Civil. Nesse sentido, pontuou que sempre "deverá haver a constatação deste elemento finalístico, interno, moral que é o objetivo de constituir família, pois essa é a chave hermenêutica para o reconhecimento ou não da entidade familiar".

O relator lembrou que a Lei n. 8.971/1994, ao regulamentar a união estável no Brasil, impôs a convivência superior a cinco anos — o que foi parcialmente revogado pela Lei n. 9.278/1996, que passou a exigir a convivência duradoura e contínua com o objetivo de constituir família, independentemente de tempo determinado, o que foi adotado pelo Código Civil de 2002.

Salomão observou que, apesar de não haver precedente específico tratando da durabilidade ou de um tempo mínimo de convivência, o STJ já destacou ser imprescindível que haja a estabilidade da relação.

"Apesar de em certos casos ser possível que um ou outro elemento não apareça com nitidez, não há como excluir o requisito da estabilidade, havendo a necessidade da convivência mínima pelo casal, permitindo que se dividam as alegrias e tristezas, que se compartilhem dificuldades e projetos de vida, sendo necessário para tanto um tempo razoável de relacionamento", disse.

Para o ministro, no caso, ainda que não se tenha dúvidas quanto à intenção do casal de constituir família, "o mero intento não basta para concretizar a união de fato". Dessa forma, concluiu que não há falar em estabilidade, em comunhão de vida entre duas pessoas, no sentido material e imaterial, numa relação de apenas duas semanas.

Inicialmente destaca-se que o pedido foi julgado procedente em primeiro grau e a apelação do herdeiro foi negada no Tribunal de Justiça de Mato Grosso do Sul, por entender que o reconhecimento da união estável acontece independentemente do tempo.

No entanto, o STJ, nesta decisão, demonstrou uma imensa má vontade com o instituto da união estável, e, assim, promoveu uma confusão conceitual entre estabilidade e durabilidade.

Contrariando as disposições legais, e expressando o sentimento da supremacia do casamento em face da união estável, afirma não existir estabilidade em uma relação de apenas duas semanas, pois "o mero intento não basta para concretizar a união de fato".

Conclui-se, portanto, caso fossem casados, no dia seguinte ao ato formal, restaria plenamente configurada a estabilidade da relação. O que é um grande engano.

É necessário frisar que a hierarquização entre entidades familiares é incompatível com a Constituição de 1988.

Há um evidente preconceito e desconfiança ante as pessoas que optaram por manter uma união estável. Pressupõe-se agirem de má-fé e assim são exigidos mil motivos para o seu convencimento.

Daí, para fundamentar este entendimento equivocado, confunde-se, propositadamente, estabilidade com durabilidade.

Como é sabido, não é a durabilidade, entendida como um tempo mínimo de convivência, que determina a estabilidade de uma relação afetiva.

2. *Código de Processo Civil — Lei n. 13.105/2015*

Parte Geral.

Livro II — Da Função Jurisdicional.

Título II — Dos Limites da Jurisdição Nacional e da Cooperação Internacional.

Art. 23. Compete à autoridade judiciária brasileira, com exclusão de qualquer outra:

I — conhecer de ações relativas a imóveis situados no Brasil;

II — em matéria de sucessão hereditária, proceder à confirmação de testamento particular e ao inventário e à partilha de bens situados no Brasil, ainda que o autor da herança seja de nacionalidade estrangeira ou tenha domicílio fora do território nacional;

III — em divórcio, separação judicial ou dissolução de união estável, proceder à partilha de bens situados no Brasil, ainda que o titular seja de nacionalidade estrangeira ou tenha domicílio fora do território nacional.

Título III — Da Competência Interna.

Art. 53. É competente o foro:

I — para a ação de divórcio, separação, anulação de casamento e reconhecimento ou dissolução de união estável:

Decisão judicial:

(TJAC-0014339) PROCESSO CIVIL. CONFLITO NEGATIVO DE COMPETÊNCIA. AÇÃO DE RECONHECIMENTO *POST MORTEM* DE UNIÃO ESTÁVEL. FORO DO LOCAL DA RESIDÊNCIA DO GUARDIÃO DO FILHO INCAPAZ. COMPETÊNCIA TERRITORIAL RELATIVA. IMPOSSIBILIDADE DE DECLINAÇÃO DE OFÍCIO. APLICAÇÃO DA SÚMULA 33 DO SUPERIOR TRIBUNAL DE JUSTIÇA. PRORROGAÇÃO DA COMPETÊNCIA. 1. O tema central desse Conflito de Competência consiste na discussão sobre a competência territorial para o processamento de ação declaratória, que tem por escopo o reconhecimento de união estável *post mortem* para fins de pensionamento da viúva perante o Estado do Acre. Nesse contexto, a presente demanda está enquadrada no art. 53, inciso I, alínea "a", do CPC/2015, consoante o qual é competente o foro do domicílio do incapaz para a ação de reconhecimento ou dissolução de união estável, hipótese de competência territorial relativa. 2. A competência é relativa porque o guardião do incapaz, se entender que a defesa dos direitos será desenvolvida melhor em foro diverso do seu domicílio, pode, perfeitamente, abdicar dessa regra de competência. Logo, em harmonia com a Súmula n. 33 do STJ, a incompetência não poderia ter sido arguida, de ofício, pelo Juízo de Direito da Vara Cível da Comarca de Plácido de Castro, porquanto a competência territorial relativa fica sujeita à prorrogação se o demandado não suscitar a matéria em preliminar de contestação. 3. Conflito Negativo de Competência julgado procedente. (Conflito de Competência n. 0100130-04.2017.8.01.0000, 1ª Câmara Cível do TJAC, Rel. Cezarinete Angelim. j. 07.11.2017).

Livro III — Dos Sujeitos do Processo.

Título I — Das Partes e dos Procuradores.

Art. 73. O cônjuge necessitará do consentimento do outro para propor ação que verse sobre direito real imobiliário, salvo quando casados sob o regime de separação absoluta de bens.

§ 1º Ambos os cônjuges serão necessariamente citados para a ação:

I — que verse sobre direito real imobiliário, salvo quando casados sob o regime de separação absoluta de bens;

II — resultante de fato que diga respeito a ambos os cônjuges ou de ato praticado por eles;

III — fundada em dívida contraída por um dos cônjuges a bem da família;

IV — que tenha por objeto o reconhecimento, a constituição ou a extinção de ônus sobre imóvel de um ou de ambos os cônjuges.

§ 2º Nas ações possessórias, a participação do cônjuge do autor ou do réu somente é indispensável nas hipóteses de composse ou de ato por ambos praticados.

§ 3º Aplica-se o disposto neste artigo à união estável comprovada nos autos.

Livro IV — Dos Atos Processuais.

Título I — Da Forma, do Tempo e do Lugar dos Atos Processuais.

Art. 189. Os atos processuais são públicos, todavia tramitam em segredo de justiça os processos:

I — em que o exija o interesse público ou social;

II — que versem sobre casamento, separação de corpos, divórcio, separação, união estável, filiação, alimentos e guarda de crianças e adolescentes;

Título III — Dos Procedimentos Especiais.

Capítulo V — Da Ação de Dissolução Parcial de Sociedade.

Art. 600. A ação pode ser proposta:

I — pelo espólio do sócio falecido, quando a totalidade dos sucessores não ingressar na sociedade;

II — pelos sucessores, depois de concluída a partilha do sócio falecido;

III — pela sociedade, se os sócios sobreviventes não admitirem o ingresso do espólio ou dos sucessores do falecido na sociedade, quando esse direito decorrer do contrato social;

IV — pelo sócio que exerceu o direito de retirada ou recesso, se não tiver sido providenciada, pelos demais sócios, a alteração contratual consensual formalizando o desligamento, depois de transcorridos 10 (dez) dias do exercício do direito;

V — pela sociedade, nos casos em que a lei não autoriza a exclusão extrajudicial; ou

VI — pelo sócio excluído.

Parágrafo único. O cônjuge ou companheiro do sócio cujo casamento, união estável ou convivência terminou poderá requerer a apuração de seus haveres na sociedade, que serão pagos à conta da quota social titulada por este sócio.

Art. 620. Dentro de 20 (vinte) dias contados da data em que prestou o compromisso, o inventariante fará as primeiras declarações, das quais se lavrará termo circunstanciado, assinado pelo juiz, pelo escrivão e pelo inventariante, no qual serão exarados:

I — o nome, o estado, a idade e o domicílio do autor da herança, o dia e o lugar em que faleceu e se deixou testamento;

II — o nome, o estado, a idade, o endereço eletrônico e a residência dos herdeiros e, havendo cônjuge ou companheiro supérstite, além dos respectivos dados pessoais, o regime de bens do casamento ou da união estável;

Capítulo X — Das Ações de Família.

Artigo 693. As normas deste Capítulo aplicam-se aos processos contenciosos de divórcio, separação, reconhecimento e extinção de união estável, guarda, visitação e filiação.

Parágrafo único. A ação de alimentos e a que versar sobre interesse de criança ou de adolescente observará o procedimento previsto em legislação específica, aplicando-se, no que couber, as disposições deste Capítulo.

Capitulo XV — Dos Procedimentos de Jurisdição Voluntária.

Seção IV — Do Divórcio e da Separação Consensuais, da Extinção Consensual de União Estável e da Alteração do Regime de Bens do Matrimônio

Art. 731. A homologação do divórcio ou da separação consensuais, observados os requisitos legais, poderá ser requerida em petição assinada por ambos os cônjuges, da qual constarão:

I — as disposições relativas à descrição e à partilha dos bens comuns;

II — as disposições relativas à pensão alimentícia entre os cônjuges;

III — o acordo relativo à guarda dos filhos incapazes e ao regime de visitas; e

IV — o valor da contribuição para criar e educar os filhos.

Parágrafo único. Se os cônjuges não acordarem sobre a partilha dos bens, far-se-á esta depois de homologado o divórcio, na forma estabelecida nos arts. 647 a 658.

Decisão judicial:

Exemplo de decisão que poderá ser aplicada à união estável.

(TJGO-0150198) APELAÇÃO CÍVEL. AÇÃO DE DIVÓRCIO LITIGIOSO. JULGAMENTO ANTECIPADO DA LIDE. CERCEAMENTO DE DEFESA. NÃO CONFIGURADO. NÃO COMPROVAÇÃO DE EXISTÊNCIA DE BENS ADQUIRIDOS NA CONSTÂNCIA DO CASAMENTO. POSSIBILIDADE DE PARTILHA POSTERIOR. SENTENÇA MANTIDA. I — Não há que se falar em cerceamento de defesa, ante o julgamento antecipado da lide, quando oportunizada a manifestação das partes a fim de requererem a produção das provas que entendem necessárias, bem como quando verificado que a matéria versada é exclusivamente de direito e de fato que pode ser comprovado somente por prova documental. Em consequência, não se vislumbra a necessidade de produção de outras provas para julgamento. Precedentes desta Corte. II — Não comprovada a existência de bens em nome dos litigantes, não é possível se falar em partilha no bojo dos presentes autos. Não obstante, há de se acrescentar que inexiste qualquer impedimento à posterior discussão do assunto pela via própria, na forma prevista no art. 731, parágrafo único, do Código de Processo Civil de 2015, pelo que não se evidencia qualquer prejuízo à insurgente, que poderá colher as provas necessárias para ajuizar a ação cabível. APELAÇÃO CONHECIDA E DESPROVIDA. (Apelação Cível n. 135763-12.2012.8.09.0006

(201291357637), 2ª Câmara Cível do TJGO, Rel. Ney Teles de Paula. unânime, DJe 22.11.2016).

Art. 732. As disposições relativas ao processo de homologação judicial de divórcio ou de separação consensuais aplicam-se, no que couber, ao processo de homologação da extinção consensual de união estável.

Para fins de extinção da união estável, sempre aguardando uma prova de sua existência, é possível pela simples rescisão, desde que formalizada em cartório. O mesmo entendimento deveria ser adotado para a sua formalização, igual ocorre ao casamento. A simples formalização abrangente desta união familiar via Acordo, imediatamente teria os efeitos jurídicos concedidos a quem apresenta uma certidão de casamento, na qual nada lhe é exigido como prova, quer seja de coabitação, união duradoura etc.

No Acordo a expressão "união estável" é omitida, pois ela em si já é um pré-requisito de estabilidade, o que não é colocado na certidão de casamento. Não existe casamento estável, apenas casamento.

Daí a sugestão de mudar a terminologia para distanciar deste ranço normativista e preconceituoso da "união estável".

Art. 733. O divórcio consensual, a separação consensual e a extinção consensual de união estável, não havendo nascituro ou filhos incapazes e observados os requisitos legais, poderão ser realizados por escritura pública, da qual constarão as disposições de que trata o art. 731.

§ 1º A escritura não depende de homologação judicial e constitui título hábil para qualquer ato de registro, bem como para levantamento de importância depositada em instituições financeiras.

§ 2º O tabelião somente lavrará a escritura se os interessados estiverem assistidos por advogado ou por defensor público, cuja qualificação e assinatura constarão do ato notarial.

Decisão judicial:

1 — (TJRS-0551202) APELAÇÃO. DIREITO CIVIL. FAMÍLIA. AÇÃO DE RECONHECIMENTO E DISSOLUÇÃO DE UNIÃO ESTÁVEL. ACORDO. VIA JUDICIAL. POSSIBILIDADE. Mesmo que as partes tenham firmado acordo de dissolução de união estável, o art. 733 do NCPC prevê que a postulação extrajudicial não impede o reconhecimento do direito dos demandantes na via judicial. RECURSO PROVIDO. (Apelação Cível n. 70074688748, 7ª Câmara Cível do TJRS, Rel. Liselena Schifino Robles Ribeiro. j. 30.08.2017, DJe 04.09.2017).

2 — (TJRJ-0421880) APELAÇÃO. DIREITO DE FAMÍLIA. AÇÃO DE DIVÓRCIO CONSENSUAL. ACORDO NO QUAL NÃO CONSTARAM CLÁUSULAS DE GUARDA, ALIMENTOS E VISITAÇÃO AOS DOIS FILHOS MENORES. SENTENÇA HOMOLOGANDO O ACORDO E JULGANDO EXTINTO O PROCESSO NA FORMA DO ART. 487, III,

DO CPC. APELAÇÃO DO MINISTÉRIO PÚBLICO DO ESTADO DO RIO DE JANEIRO. PRETENSÃO DE CASSAÇÃO DA SENTENÇA. ALEGA SER IMPRESCINDÍVEL QUE OS REQUERENTES ESTABELEÇAM CLÁUSULAS DE GUARDA, ALIMENTOS E VISITAÇÃO AOS FILHOS. ADUZ QUE O MOTIVO PELO QUAL O ART. 733 DO NCPC OBRIGA A JUDICIALIZAÇÃO DO PEDIDO DE DIVÓRCIO CONSENSUAL, EM HAVENDO FILHOS MENORES, É JUSTAMENTE A NECESSIDADE DE SEREM REGULADOS OS ALIMENTOS, A GUARDA E VISITAÇÃO, EXIGÊNCIA ESSA EXPRESSA E CLARAMENTE PREVISTA NO ART. 731 DO NCPC. INOBSTANTE ESTE RELATOR COMUNGUE DESSE MESMO ENTENDIMENTO DO MINISTÉRIO PÚBLICO, FORÇOSO MANTER A SENTENÇA QUE HOMOLOGOU O DIVÓRCIO MESMO SEM AQUELAS CLÁUSULAS QUE, AO VER DESTE RELATOR, SERIAM OBRIGATÓRIAS. É QUE O ENTENDIMENTO PREVALENTE DESSA E DAS DEMAIS CÂMARAS DESTE TRIBUNAL É NO SENTIDO DE QUE O DIVÓRCIO, COM O ADVENTO DA EMENDA CONSTITUCIONAL N. 66/2010, PASSOU A SER UM DIREITO POTESTATIVO, BASTANDO, PARA O SEU DECRETO, A MANIFESTAÇÃO DE VONTADE DE UM DOS CÔNJUGES, NÃO SENDO DA ESSÊNCIA, NEM DA NATUREZA DO PEDIDO, A EXISTÊNCIA DAS CLÁUSULAS REFERIDAS. EM QUE PESE A CLAREZA DO ART. 731 DO NCPC, ENTENDEM QUE INEXISTE DETERMINAÇÃO LEGAL PARA QUE TAIS CLÁUSULAS CONSTEM DO PEDIDO E QUE EVENTUAIS PRETENSÕES RELACIONADAS AOS FILHOS PODEM FUTURAMENTE SER DEDUZIDAS EM AÇÃO PRÓPRIA, JÁ QUE OS DIREITOS E DEVERES DOS PAIS EM RELAÇÃO À PROLE NÃO SE ALTERAM COM O DIVÓRCIO, SEGUNDO INTELIGÊNCIA DOS ARTS. 1.579 E 1.632 DO CÓDIGO CIVIL. RESSALVANDO O ENTENDIMENTO DESTE RELATOR, NO SENTIDO DA NECESSIDADE DA OBSERVÂNCIA DO ART. 731 DO CPC NAS HOMOLOGAÇÕES DE AÇÕES JUDICIAIS DE SEPARAÇÕES E DIVÓRCIOS CONSENSUAIS ENTRE CONJUGES COM FILHOS MENORES, FORÇOSO QUE PREVALEÇA O ENTENDIMENTO DA MAIORIA DESTA CÂMARA, ALIÁS AFINADA COM A JURISPRUDÊNCIA DOMINANTE DESTA CORTE, ISSO A FIM DE EVITAR DECISÕES CONTRADITÓRIAS E INSEGURANÇA JURÍDICA. NÃO PROVIMENTO DA APELAÇÃO. (Apelação n. 0001471-44.2016.8.19.0080, 19ª Câmara Cível do TJRJ, Rel. Juarez Fernandes Folhes. j. 06.06.2017, Publ. 08.06.2017).

QUESTÃO ELEITORAL

Tratam-se das disposições eleitorais.

Decisão judicial:

(TSE-0009468) ELEIÇÕES 2014. AGRAVO REGIMENTAL. RECURSO ESPECIAL. REPRESENTAÇÃO. DOAÇÃO ACIMA DO LIMITE LEGAL. PESSOA FÍSICA. SOMA DOS RENDIMENTOS BRUTOS DO CASAL PARA AFERIR LIMITE DE DOAÇÃO. INADMISSIBILIDADE. UNIÃO ESTÁVEL. AUSÊNCIA DE PROVA DE CONTRATO ESCRITO EM SENTIDO DIVERSO. COMUNHÃO PARCIAL DE BENS. REEXAME. SÚMULA N. 24/TSE. PRINCÍPIOS DA PROPORCIONALIDADE E DA RAZOABILIDADE. INAPLICABILIDADE. DESPROVIMENTO. 1. Este Tribunal Superior já asseverou que não há como ser atendida a pretensão de se considerar a soma de rendimentos de casal convivente em união estável como parâmetro para cálculo do limite legal da doação, tal qual se observa no casamento no regime da comunhão parcial, salvo nas hipóteses de contrato escrito estabelecido entre as partes em sentido diverso. 2. A análise dos rendimentos que deram origem à doação, se derivados de patrimônio comum ou de proventos do trabalho, exigiria necessariamente o reexame do conjunto fático-probatório, providência incabível na via especial, nos termos da Súmula n. 24/TSE. 3. Os princípios da razoabilidade e da proporcionalidade não podem ser invocados para justificar a improcedência do pedido condenatório ou a fixação da sanção abaixo de seu mínimo legal, nos termos da reiterada jurisprudência desta Corte Superior. 4. Agravo regimental desprovido. (Agravo Regimental em Recurso Especial Eleitoral n. 4516, TSE/RN, Rel. Luciana Lóssio. j. 18.04.2017, unânime, DJe 27.04.2017).

Mais uma decisão, agora no âmbito eleitoral, em que se evidencia a hierarquização das entidades familiares.

DISPOSIÇÕES ESPARSAS

Código de Processo Penal — Decreto-Lei n. 3.689/1941

Livro II — Dos Processos em Espécie.

Título I — Do Processo Comum.

Seção IX — Da Composição do Tribunal do Júri e da Formação do Conselho de Sentença.

Art. 448. São impedidos de servir no mesmo Conselho:

I — marido e mulher;

II — ascendente e descendente;

III — sogro e genro ou nora;

IV — irmãos e cunhados, durante o cunhadio;

V — tio e sobrinho;

VI — padrasto, madrasta ou enteado.

§ 1º O mesmo impedimento ocorrerá em relação às pessoas que mantenham união estável reconhecida como entidade familiar.

ESTATUTO DA CRIANÇA E DO ADOLESCENTE — LEI N. 8.069/1990

Livro I — Parte Geral.

Título II — Dos Direitos Fundamentais.

Capítulo III — Do Direito à Convivência Familiar e Comunitária.

[...]

Art. 42. Podem adotar os maiores de 18 (dezoito) anos, independentemente do estado civil.

§ 1º Não podem adotar os ascendentes e os irmãos do adotando.

§ 2º Para adoção conjunta, é indispensável que os adotantes sejam casados civilmente ou mantenham união estável, comprovada a estabilidade da família.

Exige-se a comprovação da estabilidade da família, no sentido de tempo de convivência, para o caso da união estável. Na esteira da hierarquização da família, esta exigência não é feita aos casados.

No entanto, apesar da literalidade deste parágrafo, tem-se, a seguir, uma louvável decisão que reconhece os novos modelos de família. Atenta à realidade social, prioriza a afetividade familiar como indicador de estabilidade nas relações familiares e não a mera questão do tempo de convivência, o que se coaduna com a tese aqui exaustivamente defendida.

Decisão judicial:

(TJRJ-0358597) AGRAVO DE INSTRUMENTO. EMENDA À INICIAL. INCLUSÃO DA SEGUNDA AGRAVANTE NO POLO ATIVO DE AÇÃO DE DESTITUIÇÃO DE PÁTRIO PODER E ADOÇÃO. ADOÇÃO CONJUNTA POR PRIMOS. POSSIBILIDADE. FLEXIBILIZAÇÃO DO DISPOSTO NO ART. 42, § 2º, DO ECA. PRECEDENTES. Menor que desde a mais tenra idade foi criado pelo primeiro Agravante e por sua prima. Pedido de emenda da inicial para que a segunda Agravante fosse incluída no polo ativo da demanda e o infante pudesse ser adotado, de forma conjunta, pelos primos, que já representam, na vida real, as figuras paterna e materna para o menor, que é tratado com zelo e amor, tendo sido formada uma unidade familiar harmoniosa e saudável para a criança. Decisão agravada que, prendendo-se a literalidade do art. 42, § 2º, DO ECA, indeferiu o pedido, uma vez que a adoção conjunta só seria possível por adotantes civilmente casados ou que vivem em união estável. Reconhecimento da existência de novos modelos de família que implicam na necessidade de se interpretar a lei para que esta se afine com os fins por ela mesmo colimados, que são a inserção do menor em um núcleo familiar estável, no qual possa desenvolver relações de afeto, suas potencialidades, tendo, ainda, uma rede de proteção. Precedentes. Reforma da decisão. Recurso conhecido e provido. (Agravo de Instrumento n. 0037273-52.2016.8.19.0000, 19ª Câmara Cível do TJRJ, Rel. Lúcio Durante. j. 07.02.2017, Publ. 13.02.2017).

Livro II — Parte Especial.

Título VI — Do Acesso à Justiça.

Seção VIII

Da Habilitação de Pretendentes à Adoção

Art. 197-A. Os postulantes à adoção, domiciliados no Brasil, apresentarão petição inicial na qual conste:

I — qualificação completa;

II — dados familiares;

III — cópias autenticadas de certidão de nascimento ou casamento, ou declaração relativa ao período de união estável.

LEI DA FICHA LIMPA — LEI COMPLEMENTAR N. 135/2010

Art. 1º Esta Lei Complementar altera a Lei Complementar n. 64, de 18 de maio de 1990, que estabelece, de acordo com o § 9º do art. 14 da Constituição Federal, casos de inelegibilidade, prazos de cessação e determina outras providências.

Art. 2º A Lei Complementar n. 64, de 1990, passa a vigorar com as seguintes alterações:

[...]

n) os que forem condenados, em decisão transitada em julgado ou proferida por órgão judicial colegiado, em razão de terem desfeito ou simulado desfazer vínculo conjugal ou de união estável para evitar caracterização de inelegibilidade, pelo prazo de 8 (oito) anos após a decisão que reconhecer a fraude.

Neste sentido:

Decisão judicial:

(TSE-0007597) ELEIÇÕES 2012. RECURSO ESPECIAL ELEITORAL. REGISTRO DE CANDIDATURA. CANDIDATA AO CARGO DE VEREADOR. INELEGIBILIDADE DO ART. 1º, INCISO I, ALÍNEA N, DA LEI COMPLEMENTAR N. 64/1990. UNIÃO ESTÁVEL RECONHECIDA NA ELEIÇÃO DE 2004 EM RECURSO CONTRA EXPEDIÇÃO DE DIPLOMA. SUPOSTO DESFAZIMENTO OU SIMULAÇÃO DE DESFAZIMENTO DE UNIÃO ESTÁVEL. NÃO OCORRÊNCIA DA INELEGIBILIDADE NO CASO CONCRETO. AUSÊNCIA DE REQUISITO. PROVIMENTO DO RECURSO. 1. Com base na compreensão da reserva legal proporcional, as causas de inelegibilidade devem ser interpretadas restritivamente, evitando-se a criação de restrição de direitos políticos sobre bases frágeis e inseguras decorrentes de mera presunção, ofensiva à dogmática de proteção dos direitos fundamentais. Precedentes. 2. A causa de inelegibilidade do art. 1º, inciso I, alínea n, da LC n. 64/1990 sanciona "os que forem condenados, em decisão transitada em julgado ou proferida por órgão judicial colegiado, em razão de terem desfeito ou simulado desfazer vínculo conjugal ou de **união estável** para evitar caracterização de inelegibilidade, pelo prazo de 8 (oito) anos após a decisão que reconhecer a fraude". Pressupõe ação judicial que condene a parte por fraude, ao desfazer ou simular desfazimento de vínculo conjugal ou de **união estável** para fins de inelegibilidade. 3. A negativa de um fato (de **união estável** em 2004), em recurso contra expedição de diploma, não pode conduzir à conclusão de que a candidata praticou um ato ilícito (desfez ou simulou o desfazimento da **união estável** para fins de inelegibilidade). Trata-se de mera presunção, que não pode atrair a inelegibilidade prevista no art. 1º, inciso I, alínea n, da LC n. 64/1990. 4. Recurso especial eleitoral provido para deferir o registro. (Recurso Especial Eleitoral n. 39723 (397-23.2012.616.0119), TSE/PR, Rel. Gilmar Ferreira Mendes. j. 21.08.2014, unânime, DJE 05.09.2014).

DA REGULARIZAÇÃO FUNDIÁRIA RURAL — LEI N. 13.465/2017

Art. 18.

[...]

§ 13. Os títulos de domínio, a concessão de uso ou a CDRU a que se refere o *caput* deste artigo serão conferidos ao homem, na ausência de cônjuge ou companheira, à mulher, na ausência de cônjuge ou companheiro, ou ao homem e à mulher, obrigatoriamente, nos casos de casamento ou união estável.

[...]

Art. 20. Não poderá ser selecionado como beneficiário dos projetos de assentamento a que se refere esta Lei quem:

I — for ocupante de cargo, emprego ou função pública remunerada;

II — tiver sido excluído ou se afastado do programa de reforma agrária, de regularização fundiária ou de crédito fundiário sem consentimento de seu órgão executor;

III — for proprietário rural, exceto o desapropriado do imóvel e o agricultor cuja propriedade seja insuficiente para o sustento próprio e o de sua família;

IV — for proprietário, cotista ou acionista de sociedade empresária em atividade;

V — for menor de dezoito anos não emancipado na forma da lei civil; ou

VI — auferir renda familiar proveniente de atividade não agrária superior a três salários mínimos mensais ou superior a um salário mínimo *per capita*.

§ 1º As disposições constantes dos incisos I, II, III, IV e VI do *caput* deste artigo aplicam-se aos cônjuges e conviventes, inclusive em regime de união estável, exceto em relação ao cônjuge que, em caso de separação judicial ou de fato, não tenha sido beneficiado pelos programas de que trata o inciso II do *caput* deste artigo.

EDIÇÃO EXTRA — DO AUXÍLIO-MORADIA NO EXTERIOR — LEI N. 13.328/2016

Art. 45-A. Auxílio-Moradia no Exterior é o quantitativo devido ao servidor, em missão permanente ou transitória no exterior, a título de indenização, para custeio de locação de residência, desde que satisfeitos os seguintes requisitos:

[...]

II — o cônjuge ou companheiro do servidor não ocupe imóvel funcional localizado na sede no exterior;

III — o servidor ou seu cônjuge ou companheiro não seja proprietário, promitente comprador, cessionário ou promitente cessionário de qualquer imóvel na sede no exterior.

§ 1º É vedado o pagamento de mais de um auxílio-moradia no exterior a servidores casados ou em união estável com exercício simultâneo na mesma sede.

§ 2º É vedado o pagamento de auxílio-moradia no exterior para custeio de locação de imóvel que seja propriedade de servidor, de seu cônjuge, companheiro ou parente até o segundo grau civil ou de empresa da qual sejam titulares ou sócios.

ESTATUTO DA PESSOA COM DEFICIÊNCIA — LEI N. 13.146/2015

CAPÍTULO II DA IGUALDADE E DA NÃO DISCRIMINAÇÃO

[...]

Art. 6º A deficiência não afeta a plena capacidade civil da pessoa, inclusive para:

I — casar-se e constituir união estável.

Neste sentido:

Decisão judicial:

(TJSP-1135253) PENSÃO. IPREM. SÃO PAULO. EXTINÇÃO DO BENEFÍCIO. ART. 8º, IV E 16, V DA LM N. 10.828/90. ART. 1.548, I DO CC. LF N. 13.146/15 (ESTATUTO DA PESSOA COM DEFICIÊNCIA). PENSÃO POR MORTE. FILHA INCAPAZ. UNIÃO ESTÁVEL. FILHA EM COMUM COM COMPANHEIRO. 1. Sentença *citra petita*. Nulidade. Pedido de anulação dos procedimentos administrativos. Improcedência que abarca o pedido. Questões tratadas nos procedimentos administrativo analisadas nestes autos, onde a autora pôde exercer plenamente o contraditório e seu direito de defesa, de modo que eventual nulidade estaria de toda forma superada. Preliminar rejeitada. 2. União estável. Convivência marital estabelecida entre beneficiária e o pai de sua filha suficientemente comprovada nos autos. Depoimentos da curadora e do sobrinho da autora que perdem força diante dos demais elementos de prova. Existência de união estável reconhecida. 3. União estável. Incapaz. A incapacidade para a prática dos atos da vida civil não pode ser considerada de forma absoluta. A despeito da interdição, a limitação do incapaz deve ser analisada de forma individualizada; a generalização, por impor barreira desnecessária ao pleno exercício de sua dignidade, resulta na violação de direitos e garantias fundamentais do incapaz. Evolução legislativa. O art. 1.548 inciso I do Código Civil não considera nulo qualquer casamento do incapaz, mas apenas do incapaz 'sem discernimento'; e a prova demonstra o discernimento suficiente da autora, que criou a filha e tem vida autônoma faz muitos anos. Estatuto da pessoa com deficiência que, ao revogar o inciso I do art. 1.548 do CC, ratifica tal conclusão. 3. Pensão. Filha incapaz. A união estável extingue o direito do beneficiário à pensão, nos termos do art. 16, V, da LM n. 10.828/90. Improcedência. Recurso da autora desprovido. (Apelação n. 0608384-60.2008.8.26.0053, 10ª Câmara de Direito Público do TJSP, Rel. Torres de Carvalho. j. 03.04.2017).

DIREITO INTERNACIONAL

Portaria MJC (MJSP) n. 4 de 07.01.2015.

Dispõe sobre os procedimentos de permanência definitiva e registro de estrangeiros, com base nas modalidades de reunião familiar, prole, casamento e união estável, de prorrogação de visto temporário, de transformação do visto oficial ou diplomático em permanente, de transformação do visto oficial ou diplomático em temporário, de transformação do visto temporário em permanente, e de transformação da residência temporária em permanente.

Decisão judicial:

(STF-0121292) DIREITO PROCESSUAL CIVIL. AGRAVO INTERNO EM RECURSO EXTRAORDINÁRIO. ESTRANGEIRO. SOLICITAÇÃO DE VISTO PERMANENTE. FUNDAMENTOS NÃO IMPUGNADOS. SÚMULA N. 283/STF. UNIÃO ESTÁVEL. VALIDADE CONSTITUCIONAL. 1. A parte recorrente deixou de impugnar todos os fundamentos em que se baseou o acórdão recorrido para decidir a controvérsia. Na petição de recurso extraordinário, A agravante alega tão somente a necessidade de procedimento administrativo para a concessão de visto permanente no país. 2. No entanto, o acórdão do Tribunal de origem decidiu pela permanência do recorrido no país até que o Conselho Nacional de Imigração analise definitivamente o pedido de visto permanente. Esses são fundamentos autônomos e suficientes para a manutenção do julgado, que não foram atacados no recurso extraordinário. Nessas condições, aplica-se a Súmula n. 283/STF. 3. Tal como consta no parecer do Ministério Público Federal, "também não se sustenta a alegada violação ao art. 226, § 3º, da CF/88. É importante destacar que o Supremo Tribunal Federal, no ano de 2011, reconheceu a validade da união estável, garantindo-lhe efetiva proteção, consoante ADPF n. 132/RJ e ADIN n. 4277/DF". 4. Inaplicável o art. 85, § 11, do CPC, uma vez que não houve prévia fixação de honorários advocatícios de sucumbência. 5. Agravo interno a que se nega provimento. (Ag. Reg. no Recurso Extraordinário n. 1012933/CE, 1ª Turma do STF, Rel. Roberto Barroso. j. 29.06.2018, unânime, DJe 09.08.2018).

Decisão que reconhece a validade da união estável.

PARTE III

PERSPECTIVA FUTURA

Nesta etapa final serão comentados alguns conceitos que têm íntima conexão com as normas jurídicas "disciplinadoras" da união estável. Eles ajudarão a entender o que, na verdade, elas nos dizem. Até que não é muito difícil, é só prestar atenção.

Esta análise será uma contribuição para o esforço realizado em busca da compreensão dos bastidores da luta em face aos desafios postos cotidianamente contra a emancipação humana, em especial quanto à constituição das relações familiares.

6. *JURISPRUDÊNCIA*

É de fundamental importância a fixação de conceitos para um melhor entendimento e apreciação dos temas que afetam o nosso cotidiano.

Para relembrar as diversas perspectivas adotadas neste Tomo II e também para justificar a inclusão do tópico Jurisprudência, neste momento, entende-se ser relevante abordar alguns conceitos já utilizados e, assim, recorre-se ao Vocabulário Jurídico, cujo autor é De Plácido e Silva, Editora Forense.

Pela riqueza e precisão das definições nele apresentadas opta-se por transcrevê-las literalmente, como segue:

> Doutrina.
>
> "Do latim *doctrina*, de *docere* (ensinar, instruir, mostrar), na terminologia jurídica, é tido, em sentido lato, como o conjunto de princípios expostos nos livros de Direito, em que se firmam teorias ou se fazem interpretações sobre a ciência jurídica".

"Mas, em acepção mais estreita, quer significar a opinião particular, admitida por um ou vários jurisconsultos, a respeito de um ponto de direito controvertido".

"E, neste sentido, aplica-se mesmo o vocábulo para exprimir o princípio que se possa firmar em uma sentença ou num acórdão, desde que, por ele, se estabeleça um esclarecimento a respeito da aplicação do direito, por força da *doutrina*, que ali se encerra".

Legislação.

"Derivado do latim *legislatio* (estabelecimento da lei), é tomado, em seu sentido etimológico, para designar o conjunto de leis, dadas a um povo".

E neste sentido se diz Legislação Civil ou Legislação Previdenciária.

"Mas, extensivamente, é o vocábulo empregado na acepção de *ato de legislar*, isto é, a ação de *elaborar as leis (de lege ferenda)*".

"Entende-se, assim, a *feitura das leis*".

Jurisprudência.

"Derivado do latim *jurisprudentia, de jus* (Direito, Ciência do Direito) e *prudentia* (sabedoria), entende-se literalmente que é a ciência do Direito vista com sabedoria".

"Mas, como já anotavam os comentadores romanos, traz consigo um sentido subjetivo e outro objetivo, de modo que não significa simplesmente a noção científica das leis ligada â capacidade de aplicação aos casos concretos, mas compreende um sistema de doutrinas, que têm por objeto os direitos e as obrigações (GLUCK)".

"Extensivamente assim se diz para designar o conjunto de decisões acerca de um mesmo assunto ou a coleção de decisões de um tribunal".

"Mas, a verdade é que a jurisprudência firmada, em sucessivas decisões, vale como verdadeira lei".

Inspirado nestas definições se justifica, portanto, a inclusão deste tópico Jurisprudência em decorrência da constatação da primazia adquirida pelo Poder Judiciário na consolidação de conceitos doutrinários nos mais variados segmentos do Direito.

Assim, aos poucos, perdem importância e deixam de ser ponto de referência o pensamento doutrinário construído ao longo dos anos por eminentes juristas e pensadores do Direito.

Não se pensa mais o Direito e, deste modo, se perde o contato estreito com a realidade da vida.

Foram selecionados, para ilustrar este entendimento, quatro decisões judiciais, prolatadas pelo STJ – Superior Tribunal de Justiça, em temas aparentemente corriqueiros, mas que delas se depreende esta avaliação.

A demora e em muitos casos a omissão do Poder Legislativo em elaborar leis que acompanhem as mudanças ocorridas na sociedade e em particular nos temas afins à união estável, abrem caminhos para este protagonismo do Poder Judiciário.

Não serão feitos comentários sobre cada uma das decisões abaixo elencadas, por se tratar de litígios recorrentes, mas úteis para uma profícua reflexão acerca da conexão entre o direito posto e a vida nossa de cada dia.

1.

84748406 — RECURSO ESPECIAL. AÇÃO DE RECONHECIMENTO E DISSOLUÇÃO DE UNIÃO ESTÁVEL C.C. GUARDA DOS FILHOS E PARTILHA DE BENS. SENTENÇA DE PARCIAL PROCEDÊNCIA. GUARDA COMPARTILHADA DEFERIDA. REGRA NO ORDENAMENTO JURÍDICO BRASILEIRO. REVELIA. EFEITOS QUE NÃO SE OPERAM NO CASO. IMPOSSIBILIDADE DE SE PRESUMIR QUE O REQUERIDO TENHA RENUNCIADO TACITAMENTE À GUARDA DOS MENORES. DIREITO INDISPONÍVEL. NECESSIDADE, PORÉM, DE ANÁLISE DA GUARDA COM BASE NO MELHOR INTERESSE DOS MENORES. PARTICULARIDADES DO CASO QUE RECOMENDAM O DEFERIMENTO DA GUARDA UNILATERAL PARA A GENITORA. DECISÃO QUE PODE SER ALTERADA POSTERIORMENTE, DADO O SEU CARÁTER *REBUS SIC STANTIBUS*. RECURSO PROVIDO. 1. Discute-se no presente recurso se a ausência de manifestação do réu no curso da ação de reconhecimento e dissolução de união estável C.C. guarda dos filhos e partilha de bens, com a consequente decretação de sua revelia, caracteriza renúncia tácita em relação ao interesse na guarda dos filhos menores, autorizando, assim, o deferimento da guarda unilateral em favor da parte autora. 2. Após a edição da Lei n. 13.058/2014, a regra no ordenamento jurídico pátrio passou a ser a adoção da guarda compartilhada, ainda que haja discordância entre o pai e a mãe em relação à guarda do filho, permitindo-se, assim, uma participação mais ativa de ambos os pais na criação dos filhos. 3. A guarda unilateral, por sua vez, somente será fixada se um dos genitores declarar que não deseja a guarda do menor ou se o Juiz entender que um deles não está apto a exercer o poder familiar, nos termos do que dispõe o art. 1584, § 2º, do Código Civil, sem contar, também, com a possibilidade de afastar a guarda compartilhada diante de situações excepcionais, em observância ao princípio do melhor interesse da criança e do adolescente. 4. Nos termos do que dispõem os arts. 344 e 345, inciso II, do Código de Processo Civil de 2015 (correspondentes aos arts. 319 e 320, II, do CPC/1973), se o réu não contestar a ação, será considerado revel e presumir-se-ão verdadeiras as alegações de fato formuladas pelo autor, salvo se o litígio versar sobre direitos indisponíveis. 5. Sendo o direito de guarda dos filhos indisponível, não obstante admita transação a respeito de seu exercício, não há que se falar em presunção de veracidade dos fatos oriunda da revelia. Em outras palavras, a revelia na ação que envolve guarda de filho, por si só, não implica em renúncia tácita do requerido em relação à guarda compartilhada, por se tratar de direito indisponível. 6. Todavia, tratando-se de demanda que envolve interesse de criança ou adolescente, a solução da controvérsia deve sempre observar o princípio do melhor interesse do menor, introduzido em nosso sistema jurídico como corolário da doutrina da proteção integral, consagrada pelo art. 227 da Constituição Federal, o qual deve orientar a atuação do magistrado. 6.1. Nessa linha de entendimento, independentemente da decretação da revelia, a questão sobre a guarda dos filhos deve ser apreciada com base nas peculiaridades do caso em análise, observando-se se realmente será do melhor interesse do menor a fixação da guarda compartilhada. 6.2. Na hipótese dos autos, revela-se prudente o deferimento da guarda unilateral em favor da genitora, considerando a completa ausência do recorrido em relação aos filhos menores, pois demorou mais de 2 (dois) anos para ser citado em virtude das constantes mudanças de endereço, permanecendo as crianças nesse período apenas com a mãe, fato que demonstra que não tem o menor interesse em cuidar ou mesmo conviver com eles. 6.3. Ademais, na petição inicial foi consignado que um dos motivos para a separação do casal foi em razão "do convivente consumir bebidas alcoólicas e entorpecentes excessivamente" (e-STJ, fl. 10), o que não foi nem sequer levado em consideração pelas instâncias ordinárias ao fixarem a guarda compartilhada. 7. De qualquer forma, em virtude do caráter rebus *SIC* stantibus da decisão relativa à guarda de filhos, nada impede que o *decisum* proferido neste feito venha a ser modificado posteriormente, sobretudo se o recorrido manifestar seu interesse na guarda compartilhada e comprovar a possibilidade de cuidar dos filhos menores. 8. Recurso provido. *(STJ; REsp 1.773.290; Proc. 2018/0267135-4; MT; Terceira Turma; Rel. Min. Marco Aurélio Bellizze; Julg. 21/05/2019; DJE 24/05/2019)*

2.

84861066 — AGRAVO INTERNO NO RECURSO ESPECIAL. CIVIL E PROCESSUAL CIVIL. DIREITO DE FAMÍLIA. UNIÃO ESTÁVEL. JULGAMENTO MONOCRÁTICO. ENTENDIMENTO DOMINANTE. POSSIBILIDADE. DIREITO REAL DE HABITAÇÃO DO COMPANHEIRO SOBREVIVENTE. POSSIBILIDADE. PATRIMÔNIO. INEXISTÊNCIA DE OUTROS BENS. IRRELEVÂNCIA. PRECEDENTES. AGRAVO INTERNO DESPROVIDO. 1. Não há usurpação de competência dos órgãos colegiados diante do julgamento monocrático do recurso, já que este é possível com fundamento na existência de jurisprudência dominante desta Corte, segundo a exegese do art. 932, V, "a", do Código de Processo Civil de 2015 e da Súmula n. 568 do STJ. 2. O cônjuge sobrevivente tem direito real de habitação sobre o imóvel em que residia o casal, desde que seja o único dessa natureza e que integre o patrimônio comum ou particular do cônjuge falecido no momento da abertura da sucessão. A Lei não impõe como requisito para o reconhecimento do direito real de habitação a inexistência de outros bens, seja de que natureza for, no patrimônio próprio do cônjuge sobrevivente. Precedentes. 3. Agravo interno a que se nega provimento. Superior Tribunal de Justiça *(STJ; AgInt-REsp 1.554.976; Proc. 2015/0225656-8; RS; Quarta Turma; Rel. Min. Raul Araújo; Julg. 25/05/2020; DJE 04/06/2020)*

3.

84017433 — AGRAVO REGIMENTAL. AGRAVO EM RECURSO ESPECIAL. AÇÃO DE RECONHECIMENTO E DISSOLUÇÃO DE UNIÃO ESTÁVEL. REQUISITOS DA UNIÃO ESTÁVEL. NÃO COMPROVAÇÃO DA COMUNHÃO DE ESFORÇOS PARA FORMAÇÃO DE PATRIMÔNIO COMUM. DESNECESSIDADE. 1. O fato de o casal não ter adquirido nenhum bem durante o período de convivência não afasta a possibilidade de reconhecimento da união estável, visto que a comunhão de esforços para a formação de patrimônio comum não é requisito necessário para a sua caracterização, nos termos do art. 1.723 do CC e da jurisprudência desta corte superior. Precedentes. 2. Agravo regimental a que se nega provimento. *(STJ; AgRg-AREsp 168.780; Proc. 2012/0081606-0; PR; Quarta Turma; Relª Minª Isabel Gallotti; DJE 17/09/2014)*

4.

79065921 — RECURSO ESPECIAL. PREVIDÊNCIA PRIVADA. ENTIDADE ABERTA. VALORES DEPOSITADOS. UNIÃO ESTÁVEL. REGIME DE COMUNHÃO PARCIAL DE BENS. PATRIMÔNIO COMUM. PARTILHA DE BENS. 1. Os rendimentos do trabalho, pertinentes a fato gerador ocorrido durante a vigência da sociedade conjugal ou da união estável, integram o patrimônio comum na hipótese de dissolução do vínculo matrimonial ou de convivência, desde que convertidos em patrimônio mensurável de qualquer espécie, imobiliário, mobiliário, direitos ou aplicações financeiras. 2. Os valores depositados em planos de benefícios administrados por entidades abertas de previdência privada durante a vigência da união estável equiparam-se a aplicações financeiras como outras quaisquer, motivo pelo qual, desde que não esteja o beneficiário recebendo os proventos complementares, integram o patrimônio comum dos conviventes e devem ser objeto da partilha decorrente da dissolução da união. Precedentes. 3. Recurso Especial ao qual se dá provimento. *(STJ; REsp 1.593.026; Proc. 2016/0086908-0; SP; Rel. Min. Luis Felipe Salomão; Julg. 23/11/2021; DJE 17/12/2021)*

7. SERVIDÃO VOLUNTÁRIA

O *Discurso sobre a servidão voluntária*, do filósofo francês Etienne de La Boétie que morreu aos 33 anos de idade, em 1563, é um dos mais importantes apelos à liberdade.

Etienne de La Boétie destaca a irracionalidade da servidão entendida como uma espécie de doença coletiva já que o ser humano encontra-se aprisionado por onde quer que ande.

Ele inicia questionando a razão da submissão de nações inteiras à vontade de um só, de um tirano. Afirma que decorre do hábito e da educação que o povo recebe e também pela busca de poder: "assim é: os homens nascem sob o jugo, são criados na servidão, sem olharem para lá dela, limitam-se a viver tal como nasceram, nunca pensam ter outro direito nem outro bem senão o que encontraram ao nascer, aceitam como natural o estado que acharam à nascença. Mas o costume, que sobre nós exerce um poder considerável, tem uma grande força de nos ensinar a servir e a engolir tudo até que deixamos de sentir o amargor do veneno da servidão".

Nada mais explicativo ao que ocorre com as tradições familiares, com a moral instituída pela religião e pelos "bons costumes". Elas segregam e punem as pessoas que ousam desafiar a ordem constituída.

O Direito de Família, esta legislação sufocante e preconceituosa, tal qual o tirano da época de La Boétie, oprime a sociedade e a impede de livremente escolher seus relacionamentos familiares. Não acompanha a sua evolução. Dorme em "berço esplêndido" e usa expressões ultrapassadas como "concubinato", cria classes de famílias, hierarquizando-as e as discriminando como justas, honestas, impuras, puras, ideais e assim por diante. Forçam-nos a achar "natural" tudo o que encontramos ao nascer. É pecaminoso a tudo que é novo.

Este é o vício da servidão voluntária, pois segundo La Boétie, é o próprio povo que se escraviza. Podendo escolher entre ser livre e ser escravo, submete-se ao jugo, abdicando de sua liberdade.

Mas esta submissão só acabará quando, dentro da sociedade capitalista em que vivemos, a luta por mudanças na legislação familiar for entendida como uma luta de classe e não como uma simples questão de gênero. A classe assalariada, economicamente vulnerável, só poderá sair destas amarras legais quando, como força produtiva e dentro das relações de produção, passar a ter voz ativa e assim influenciar e exigir a efetivação dos seus direitos. Marx já afirmava que: "não é a consciência que determina a vida, mas a vida que determina a consciência".

Portanto, não é a sociedade esperar que o Estado, benevolente e caridoso, conceda aquilo que de direito já lhe pertence.

Neste momento cabe uma pergunta. Onde se situa, então, aquela parcela da sociedade civil que aplaude o nosso Direito de Família, tal qual está?

Não adentrando ao aspecto do conservadorismo e das influências religiosas — analisadas em outros tópicos deste livro — entendemos que este conceito de servidão voluntária nos ajudará a encontrar a resposta.

La Boétie diz que a sociedade é como uma imensa espiral de pequenos tiranos. E que este desejo vem da vontade de apropriação de bens e de riquezas. E para consegui-los, trocamos a liberdade pela propriedade. Assim não é mera coincidência o fato de que a classe mais abastada, em sua grande maioria, seja justamente a mais conservadora.

É uma servidão voluntária, mas digamos consciente, submetendo-se à vontade do mais forte, do Estado e da legislação conservadora, em troca de benesses e de poder, agindo como pequenos tiranos e ajudando a oprimir a outra parcela da população.

Conclui-se, mais uma vez, que só dentro do âmbito da luta de classe poderá ser operada a luta pela efetividade e reconhecimento das mais variadas formas de famílias já existentes em nossa sociedade.

Serão por meio destas lutas libertárias que se encontrarão as respostas aos desafios postos pelo capitalismo moderno e às sociedades urbanas geradas por ele.

E, passa-se ao tópico seguinte que trata da emancipação humana complementando os conceitos aqui esboçados.

8. *EMANCIPAÇÃO HUMANA E EMANCIPAÇÃO POLÍTICA*

Marx faz uma distinção entre a emancipação política e a emancipação humana.

Para ele, a emancipação política trata daquela garantida pelos "direitos humanos", ou seja, seriam apenas direitos políticos.

Assim, o homem ao emancipar-se politicamente, o Estado atua como mediador, como a "proteção" dada à união estável, havendo uma conversão do direito público em direito privado.

A emancipação humana é muito mais ampla, pois a emancipação jurídica é apenas uma parte limitada dela e ocorre dentro da ordem estabelecida, como no Direito de Família.

Portanto, a emancipação política se apresenta como a emancipação do homem por meio do Estado e a emancipação humana é aquela obtida pelo próprio homem.

Cabe à sociedade, sem esta mediação, operar estas mudanças.

Para Marx, o reconhecimento dos direitos do homem pelo Estado moderno tem o mesmo significado que o reconhecimento da escravidão pelo Estado antigo. Pois há uma diferença que precisa ser entendida: a essência do que está expresso como direitos humanos, em sua forma jurídica, não é a mesma do conteúdo da verdadeira emancipação.

A declaração e a garantia de direitos por parte do Estado é apenas a emancipação política, aquela que é possível dentro da ordem do Estado moderno.

Desde a Revolução Francesa estamos vivenciando um processo de emancipação política. Falam-se sempre nos conceitos de liberdade e de igualdade.

Eles não existem de maneira isolada e independente entre si, pois são faces de uma mesma moeda. Apenas em um processo de superação dialética, dentro das relações materiais de vida do ser humano é que haverá uma mudança para algo superior, em um processo de síntese, chegando-se à plenitude da emancipação humana. Não é apenas a junção da liberdade com a igualdade que resultará em emancipação.

Apenas os homens podem realizar a sua própria emancipação, como visto anteriormente na servidão voluntária. É só depor o tirano, leia-se legislação familiar, que nos oprime.

A emancipação de cada homem, em particular, expressa a emancipação do gênero humano. Neste sentido, recente disposição da Corte Internacional a respeito da autopercepção de gênero que será tratada a seguir.

Busca-se, enfim, a realização de uma emancipação que não dependa de um Estado para garantir este reconhecimento.

A emancipação não pode estar associada ao direito. É nesta linha de entendimento que será tratada mais adiante a questão do Acordo de Relacionamento Pessoal.

9. MATRIMÔNIO E PATRIMÔNIO

Como já visto na Parte I, no estudo da evolução da família surgiram os institutos do matrimônio e do patrimônio.

Patrimonium era a missão, reservada ao pai, de garantir a propriedade. E o *matrimonium* era a missão da mãe de cuidar da casa e dos filhos.

São, portanto, funções sociais bem definidas entre o homem e a mulher, que atravessaram séculos.

Só em tempos mais recentes é que a mulher sai de casa para trabalhar fora e muitas vezes é o homem quem cuida dos afazeres domésticos.

Infelizmente, estes dois institutos são tratados de forma independente, especialmente nas relações de família dos tempos atuais. Em detrimento do afeto, as contradições existentes entre eles, não evoluem em termos qualitativos e não culminam em um modelo de família de cunho emancipatório.

O conceito autônomo e emancipatório de família que se almeja para uma sociedade que se diga livre é literalmente esquartejado por um sem número de leis e de interpretações as mais variadas possíveis.

A partir do Concílio de Trento, surgiu a sacramentalização do matrimônio, sem perder, no entanto, seu aspecto patrimonial.

As relações de afeto, agora sob a influência de preceitos religiosos, sofrem novas limitações. A mulher, contida pelos cintos de castidade, passando a virgindade e o dote a serem a garantia de um casamento digno.

E atualmente ocorre a estatização da união sexual, com a tutela da união estável, o concubinato, o casamento civil e o religioso. Aos estados coube cuidar da patrimonialização e às igrejas a sua sacralização.

No entanto, esta ordem econômica e social, constitucionalmente definida, não protegeu a mulher, mantendo-se a sua incapacidade relativa ao homem.

Ao homem, foi mantida a posição patriarcal de chefe de família, ainda o resquício do período colonial e escravocrata de nossa história.

A presunção absoluta pelo Estado do que seja união estável, deve ser substituída pela vontade expressa dos membros desta união, em acordo firmado destas intenções e objetivos. Uma simples cópia deste acordo teria os mesmos efeitos jurídicos de uma certidão de casamento.

Sem este instrumento declaratório, a união estável brasileira muitas vezes é formalizada muito além e contra a vontade do agente. Quando a intenção era de um simples namoro, e que de repente, por decurso de prazo, se transforma em uma união estável, uma situação que não era desejada pelas partes e agora submetida ao controle do Estado.

10. *ACORDO DE RELACIONAMENTO PESSOAL*

O que ele significa?

Recorrendo-se ao Aurélio, temos:

Acordo é a concordância de sentimentos ou ideias — harmonia — conformidade. Entendimento entre pessoas, cominação, ajuste, acerto. As partes são denominadas de acordantes.

Relacionamento é o ato ou efeito de relacionar-se — capacidade de relacionar-se, conviver ou comunicar-se com os outros — ligação de amizade, afetiva, profissional etc., condicionada por uma série de atitudes recíprocas; relações recíprocas; relação.

Pessoal — os acordantes são pessoas em seus aspectos biológico, espiritual e social.

Portanto, a intenção da instituição da regulação das relações pessoais, de qualquer natureza, união estável, namoro e outras modalidades fora da instituição casamento, devem ser unificados em um único instrumento, ou seja, o Acordo de Relacionamento Pessoal.

A proposta aqui desenvolvida é a de garantir o direito individual ao afeto sexual, aos simples direito de amar, mediante a figura jurídica de uma simples união de afeto — quer heteroafetiva ou homoafetiva ou de qualquer outra natureza, não importando qual a classificação ou do tipo de constituição que lhe possa ser atribuída.

Sem ser imposta pela força da lei, sem ser desvirtuada quer seja pela matrimonialização ou pela patrimonialização.

Neste sentido, estas formações familiares estariam fundadas com a única intenção de um relacionamento afetivo, sexual, amoroso ou de simples companheirismo.

No entanto, vivemos em uma sociedade capitalista e dentro de um determinado ordenamento jurídico, para o qual não se faz neste momento, qualquer juízo de valor.

Assim, esta "liberdade" humana de escolha teria um "custo" político e jurídico. Não serviria para embasar qualquer pedido no âmbito judicial, como por exemplo, comprovação de união estável para efeitos previdenciários.

Em termos comerciais, no mundo moderno, qualquer transação deve ser formalizada via um contrato, para gerar efeitos jurídicos.

Nas relações de família temos o casamento civil que também garante este efeito.

Fora da instituição do casamento, como vimos detalhadamente, reina uma total desordem e insegurança jurídica.

A ideia aqui desenvolvida é a de que todas as relações familiares, dentro de um conceito plural, abrangente e aberto, que tenham necessidade de obter efeitos jurídicos, sejam formalizadas por um Acordo de Relacionamento Pessoal.

Este documento de caráter particular, disciplinando as questões matrimoniais e patrimoniais, unificaria todas as inúmeras modalidades contratuais atualmente existentes e que disciplinam as mais diversas relações. Este Acordo não teria o significado jurídico de um contrato, não teria a interferência do Estado. É apenas uma expressão dos acordantes, em um processo de emancipação humana, capaz de decidir e apontar os caminhos que desejam trilhar.

Não é o caso de se criar um mundo paralelo ao casamento. De criar duas categorias de matrimônio, a dos casados e a dos acordantes ou qualquer outro nome.

Já temos muitas classificações e não há necessidade de se criar mais uma. Trata-se de um modo de combater a tirania do Direito de Família que engessa e pune qualquer tipo de relacionamento entre os seres humanos que ocorra fora desta órbita tradicionalista.

São relações multifacetadas e polidiversificadas espelhando relações pessoais múltiplas em uma sociedade em constante evolução. Pelo Acordo, as transformações sociais ocorridas no âmbito familiar serão automaticamente atualizadas, não dependendo da morosidade do legislador, do jurista com maior visão social ou do doutrinador menos conservador, para ter eficácia plena e realizar a emancipação humana em toda a sua plenitude. Estas relações não carecem da "proteção" do Estado benevolente e caridoso.

Deste modo, este Acordo equivaleria para todos os efeitos legais à certidão de casamento.

Pressuposto da plena emancipação humana, as pessoas poderão acordar o relacionamento que mais lhe convier. Desde que não atinja direitos de terceiros, principalmente em termos de direitos patrimoniais, não seriam aspectos morais, religiosos, costumes, tradições etc. que iriam impedir a formação dos mais variados tipos de relacionamento.

Abaixo, apresentamos um breve resumo das inúmeras modalidades contratuais vigentes, apenas para dar uma amostra da infinidade de variações.

É a consequência da insegurança jurídica causada pela proliferação de interpretações dos juristas e dos elementos de provas exigidos das relações familiares, basta verificar a extensa lista dos elementos caracterizadores da união estável, como fartamente demonstrada no Tomo I.

1 — Namoro

Pelo contrato de namoro as partes buscam proteção. Em suas cláusulas há um expresso cuidado em afirmar que não constituem uma união estável, precavendo-se contra eventuais efeitos jurídicos de natureza sucessória, patrimonial ou previdenciária.

Na proposta acima efetuada do Acordo de Relacionamento Pessoal, esta precaução dos namorados não seria necessária. Caso o Acordo não fosse formalizado, o simples namoro estaria implicitamente reconhecido.

E assim atendendo plenamente ao desejo e ao direito dos namorados de apenas vivenciarem uma relação de afeto sem maiores consequências.

O atual direito de família não reconhece este direito. O Estado entende que deve "proteger" estas relações, como se os seres humanos fossem inteiramente hipossuficientes.

2 — União estável.

No contrato particular de união estável, algumas vezes denominado de contrato de convivência, como o próprio nome indica, há uma submissão direta ao art. 226, § 3º, da Constituição Federal. Portanto, os conviventes não exercem sua autonomia de escolha, mas buscam o reconhecimento jurídico deste direito já "protegido" em sua origem.

Neste tipo de contrato normalmente são estipuladas cláusulas, tais como: da eficácia do contrato, do regime patrimonial, da dependência, do testamento, da dissolução da convivência, do foro e da arbitragem.

Para cada tipo de cláusula estipulada poderá ser elaborado um contrato autônomo ou um instrumento particular, como o de dissolução de união estável, de transação extrajudicial, entre tantos outros.

A lacuna deixada pelo legislador obriga a quem não quer aderir ao casamento oficial a fazer este contrato. A covardia do legislador, pressionado pela classe patriarcal dominante, pelo poder da religião e pelo conservadorismo da maior parte da sociedade, não permitiu a total equiparação da união estável ao casamento, o que dispensaria a necessidade deste contrato de união estável.

E, claro, quem não tiver a precaução de efetuá-lo, será presa fácil do emaranhado jurídico que envolve tal união, como já visto exaustivamente.

Resumindo: o instrumento documental que chamamos de Acordo de Relacionamento Pessoal teria o condão de unificar todas as modalidades existentes de contratos, tendo os efeitos jurídicos iguais a uma certidão de casamento.

Não custa repetir que este Acordo, na sua formulação, atenderia aos preceitos de emancipação humana, o oposto da servidão voluntária, e da não interferência do Estado.

Quanto menos o Estado se imiscuir nas relações de família melhor será.

E como se daria o fim deste Acordo?

Do latim *pactum* com o sentido de paz, de pacificação, o Acordo de Relacionamento Pessoal poderá ser dissolvido ou alterado pelas partes por meio do que chamamos de Pacto Resolutivo de Conflitos, com o objetivo de resolver, de forma pacífica, as divergências surgidas durante a vigência do Acordo.

E utilizando-se dos métodos tradicionais, tais como a mediação, a conciliação e a arbitragem e sem a ingerência do Estado.

Assim o Pacto põe fim ao Acordo.

Conclusão

A Parte III abordou as perspectivas, em tese, de um futuro longínquo, mas que pela conscientização política da sociedade, poderá ser abreviada.

Pois, segundo Marx, "somente quando o homem real, individual, tiver retomado em si o cidadão abstrato, e quando como homem individual na vida empírica, no seu trabalho individual, nas suas relações individuais, se tiver tornado o ser genérico, somente quando tiver reconhecido e organizado as suas próprias forças como forças sociais, e quando não tiver de separar de si a força social sob a forma de força política, somente então se terá consumado a emancipação humana".

Em seguida, serão comentados alguns pensamentos do jurista russo Pachukanis acerca da teoria geral do direito e que tem aplicação ao nosso direito de família.

Segundo ele, o estado jurídico é uma miragem que muito convém à burguesia, uma vez que substitui a ideologia religiosa em decomposição e esconde aos olhos da massa a realidade do domínio da burguesia. A autoridade como "vontade geral", como "força do direito", concretiza-se na sociedade burguesa na medida em que esta representa um mercado.

De acordo com este ponto de vista, os regulamentos de polícia também podem ser concebidos como a encarnação da ideia kantiana da liberdade limitada pela liberdade de outrem. Assim, impedir a formação de novas formas de família é entender que esta liberdade fere direitos da classe conservadora e moralista.

Como se sabe, "o grau de "liberdade" de uns depende somente do grau de domínio dos outros".

Como vimos, são as condições históricas em que vivemos que determinam a nossa consciência. Mas não somos nós que as escolhemos, elas nos são dadas prontas pelo costume, pelas tradições e pela educação.

As forças motrizes da sociedade humana, que transformaram as ideias e os sentimentos, que, em síntese, transformaram a consciência e as instituições humanas, não nascem do espírito ou da razão humana — como afirmam os filósofos idealistas — e sim das condições materiais de existência.

A base da História da Humanidade é consequentemente material. Por condições materiais de existência deve-se entender a maneira pela qual os homens, como seres sociais, e com auxílio do meio natural ambiente, e de suas próprias capacidades físicas e intelectuais, organizam sua própria vida material, obtém meios de subsistência, produzem, dividem e traçam entre si os produtos indispensáveis à satisfação de suas necessidades.

Deste modo, os meios de produção na posse de uma classe dominante impõem seus valores à classe dominada, detentora apenas da força produtiva como o trabalho assalariado.

Neste modelo de produção capitalista, os valores de família, de filiação e de propriedade são impostos por meio das normas jurídicas, que não representam a realidade social, a verdadeira família real, mas uma aparência apenas de um imaginário social, identificada com a ideologia da classe dominante.

Assim, a propriedade dos meios de produção e o contrato social são legitimados.

Mas para validar estas relações de família, é necessário acreditar que as partes contratantes são livres e iguais. A constitucionalização do direito de família passa a ser um instrumento ideológico para a constituição dos princípios da dignidade humana, da igualdade, mas que não se efetivam nas relações reais de vida.

Basta ver a hipocrisia do "concubinato", da "proteção" à união estável e das inúmeras disposições legais e das decisões judiciais eivadas de preconceito e de discriminação.

Os seres humanos, ao não se perceberem como classe social, também não se reconhecem nos produtos de seus trabalhos e nas suas relações de família. Embora submetidos aos grilhões do direito de família, impedidos de constituírem o modelo de família em consonância com a sua autopercepção de valores e de condições de vida, a ideologia burguesa cria o ideário do Homem Universal.

O direito de família precisa ser arejado. Há um cheiro de mofo que nos sufoca.

Não esquecer, contudo, que o direito não cria as condições sociais e que são os homens os construtores de sua própria história.

O mundo está cheio de coisas contraditórias, como o ser e o não ser, a alegria e a dor, a vida e a morte, família e concubinato, esposa e amante e assim por diante. Pela dialética, são faces da mesma moeda.

A contradição é a força que dá movimento à vida. Só na medida em que encerra em si uma contradição é que a família se move e se transforma. O conceito de família tradicionalmente aceito e estático já sofre os solavancos da realidade social, das contradições inerentes às relações de família dos tempos atuais.

Só o choque entre o positivo e o negativo permite o processo de desenvolvimento e o coloca em um patamar superior, ou seja, um novo conceito de família que abrigue todas as formações que irão surgindo ao longo da história.

O elemento positivo é aqui a ordem baseada no direito civil e no conceito de família, união estável e concubinato. A luta por novos tipos de entidades familiares, por novas formações além da tradicional entre apenas duas pessoas e do mesmo sexo, é a contradição. Antagonismo irredutível entre os partidários da ordem antiga e da ordem futura. E será pela superação das normas jurídicas, que compreendam a realidade desta vida familiar e social que aos poucos se instala entre nós, que será possível a construção de um novo mundo, mais tolerante, mais humano e mais emancipatório em toda a sua plenitude. Dessa luta resultará uma fase superior da vida social.

As contradições entre o novo conteúdo e a antiga forma de família, o conflito entre as novas causas e os efeitos já caducos, principiam, pouco a pouco, a atuar sobre a consciência de classe. Neste sentido, temos a pressão da sociedade por mudanças, a abolição de conceitos caducos como concubinato e amásia, decisões judiciais que equiparam a sucessão patrimonial entre conviventes e casados e conceitos novos como o da autopercepção. São avanços, em doses homeopáticas, sem mudanças estruturais efetivas, mas apenas paliativas.

O ser humano começa a perceber que tem diante de si um mundo novo. A organização social aos poucos se transforma. Camadas e classes sociais, dantes desprezadas, tornam-se poderosas econômicas e socialmente. Classes outrora preponderantes caem. Enquanto se processa essa transformação da infraestrutura econômica, os velhos sistemas religiosos, jurídicos, filosóficos e políticos aferram-se às suas posições tradicionais e continuam procurando manter-se, apesar de já se terem tornado caducos por não satisfazer às novas necessidades intelectuais. A consciência humana é conservadora. Só lentamente acompanha os acontecimentos exteriores.

Neste sopro de renovação, a Corte Interamericana de Direitos Humanos publicou documento em que considera que a mudança de nome e a menção a sexo em registro civil de acordo com a identidade de gênero autopercebida são garantias protegidas pela Convenção Americana de Direitos Humanos. Neste sentido, os Estados que fazem parte da OEA, entre eles o Brasil, estão obrigados a estabelecer procedimentos adequados para o alcance dessas garantias, nada justificando eventuais restrições a este direito.

Segundo a Comissão, o direito à identidade de gênero está vinculado às garantias de liberdade e de autodeterminação e seu reconhecimento é de suma importância para a efetivação da emancipação humana.

Outra decisão nessa onda renovadora, inclui-se a decisão do Superior Tribunal de Justiça no sentido de autorizar a mudança de sexo no registro civil sem cirurgia. A alteração nos documentos poderá ser feita em cartório, mesmo sem autorização judicial.

Entendeu-se que o que importa é a livre manifestação de vontade da pessoa que visa expressar sua identidade de gênero e sem a ingerência do Estado. Mudanças importantes que ainda não chegaram ao direito de família, que continua parado no tempo.

Além disso, transexuais e transgêneros poderão pedir para mudar o nome e o gênero sem precisar passar por avaliação médica ou psicológica.

E o Tribunal Superior Eleitoral também decidiu que o gênero declarado pelo aspirante a político é o que deve ser considerado.

Assim, concluído este longo percurso, chegamos à epígrafe deste ensaio:

> "Toda a história nada mais é que uma transformação contínua da natureza humana".